地域批評シリーズ⑧

# これでいいのか東京都大田区

# まえがき

「日本の特別地域」の研究を行ってきた地域批評シリーズ。その中でも、今回取り扱う大田区は、その「特別」っぷりが際立つ存在だ。

ではなぜ、大田区は特別なのか。最大の理由は、そこに住む住民の「人種」があまりにも多彩、というよりも、むしろ混沌としていることにある。

大田区には、あまりに多くのものがある。全体のイメージとしては「庶民的な街」なのだが、国内最大のブランド地域である田園調布も大田区。勝海舟の邸宅があった洗足池も大田区だ。かといっても本当はみんなお金持ちなんじゃないの？」なんてことはなく、大田区の歴史遺産というべき松原橋はゴミだらけだったりするし、蒲田は今も昔も風呂ナシアパートを求めるビンボーな若者に優しいデフレタウンだ。全区民の平均所得は、23区の平均を下回っている。田園調布が存在しているのに、である。要するに、国内でも有数の格差地域である。

また、街並みにも謎が多い。

海沿いを見れば空港があり、平和島があり、漁師町がある。しかし、街並みは完全に漁村なのに、漁業はほとんど行われていない。

中央部を見れば既に潰れていそうな町工場がある。と思っていたら、ボロい工場が世界的な先進技術を武器に元気に活動していたりする。

学校は多く、名門と呼ばれる小中学校が揃っているのに区全体の成績は低迷。人口が多くて鉄道駅は多いのに、接続はイマイチで、駅ビルも少なく大型店舗は全然ない。もうスゴいんだかダメなんだか。都会なんだかイナカなんだかワケがわからないのである。

どうしてこのような「混沌都市」に、大田区はなってしまったのか。

本書は、大田区の謎を解明すべく、2009年に刊行された『これでいいのか東京都大田区』を加筆訂正の上文庫化したものである。文庫化にあたり、もう一度各エリアを歩き回り、また統計資料など多くのデータを再度分析した。また、2010年代以降に起きた変化については、新たに項を割いている。

さて、それでは始めよう。大田区の謎が解けたとき、アナタは大田区がどれほど魅力的な街か知ることになる。是非お付き合いいただきたい。

品川区
江東区
大井
品川シーサイド駅
青物横丁駅
りんかい線
大井Jct
大井南出口
首都高速1号羽田線
首都高速湾岸線
鮫洲駅
第一京浜
大井ふ頭
海底トンネル
中央防波堤内側埋立地
京浜運河
東京モノレール
立会川駅
勝島
大井競馬場前駅
大井中央陸橋
大井南
鈴ヶ森
東京水産ターミナル
中央防波堤外側埋立処分場
東京湾臨港道路臨海トンネル
大井競馬場
しながわ水族館
大森海岸駅
大田スタジアム
イトーヨーカドー
東海
大井コールドプラザ
平和島
平和の森公園
平和島公園
東京港野鳥公園
潮入りの池
城南島
流通センター駅
中央卸売市場大田市場
城南島ふ頭公園
東海Jct
大森本町
平和島
城南大橋
京浜大橋
内川
ふるさとの浜辺公園
大森ふるさとの浜辺公園
大森町駅
昭和島
昭和島Jct
昭和島駅
京浜島
貴船堀緑地
大森東
大森中
大森南
森ケ崎公園
首都高速湾岸線
首都高速1号羽田線
空港北トンネル
北糀谷
新呑川
海老取川
産業道路
西糀谷
東糀谷
空港西
整備場駅
羽田旭町
羽田空港
環八通り
萩中
大鳥居駅
羽田
穴守稲荷駅
萩中公園
新国際空港アクセストンネル
空港中央
マーケットプレイス
東京国際空港
(羽田空港)
羽田空港第2ビル駅
羽田空港第1ビル駅
羽田空港国内線ターミナル駅
天空橋駅
羽田空港国際線ターミナル駅
国際線旅客ターミナル
京急空港線
本羽田
弁天橋
空港南トンネル
羽田空港国際線ビル駅
多摩川
大師橋
新整備場駅
東京モノレール
湾岸環八
大師
殿町
産業道路駅
首都高速神奈川6号川崎線
東門前駅
小島新田駅
川崎区
浮島IC

# 大田区地図

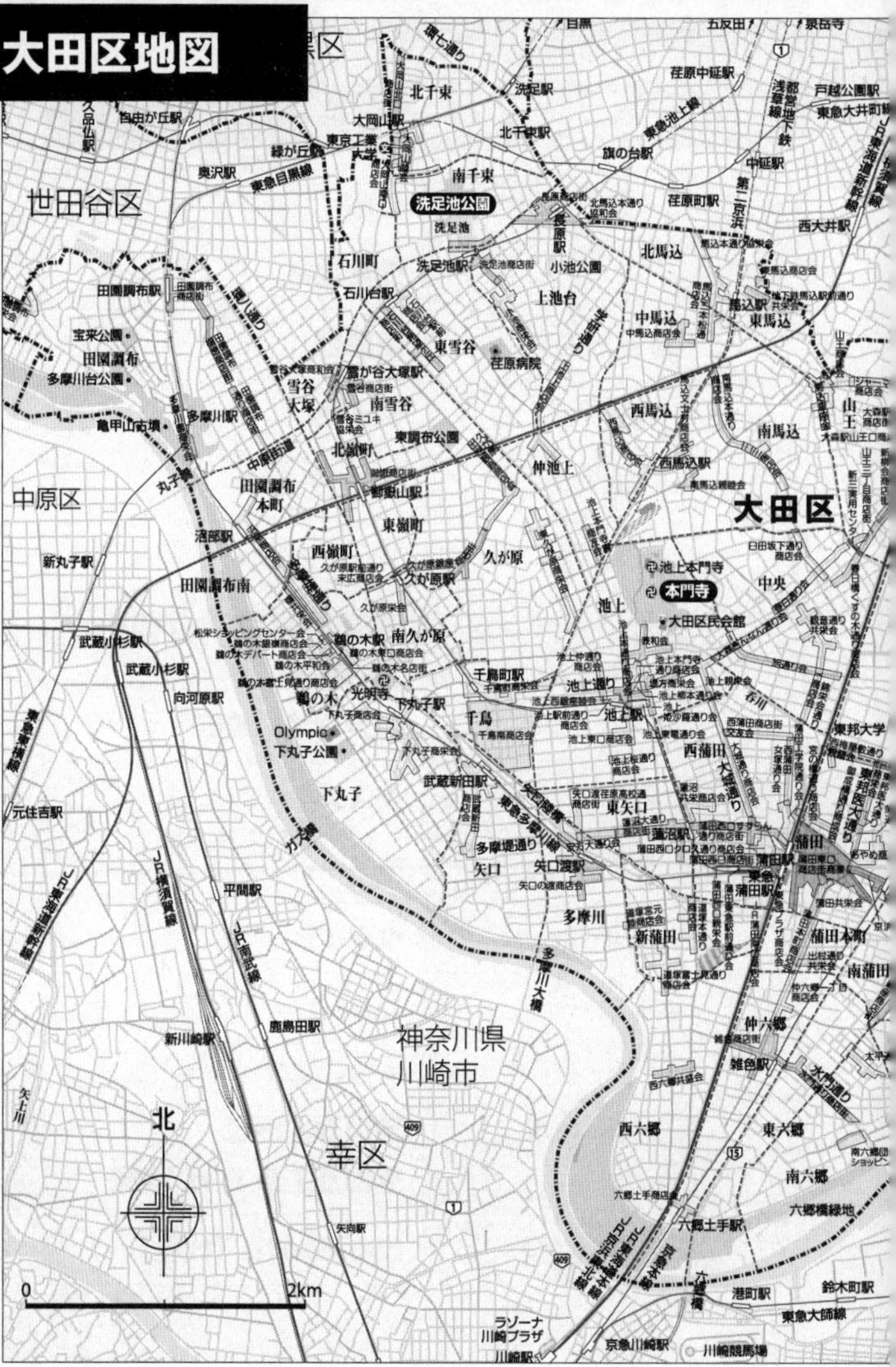

目黒
五反田
大崎
戸越公園駅
荏原中延駅
洗足駅
北千束
大岡山駅
東京工業大学
緑が丘駅
自由が丘駅
九品仏駅
奥沢駅
東急目黒線
世田谷区
北千束駅
南千束
洗足池公園
洗足池
旗の台駅
東急池上線
中延駅
荏原町駅
長原駅
西大井駅
北馬込
石川町
洗足池駅
小池公園
上池台
石川台駅
田園調布駅
宝来公園
田園調布
多摩川台公園
東雪谷
荏原病院
中馬込
馬込駅
東馬込
雪が谷大塚駅
雪谷大塚
南雪谷
西馬込
南馬込
山王
大森駅
多摩川駅
亀甲山古墳
東調布公園
北嶺町
仲池上
西馬込駅
中原区
田園調布本町
御嶽山駅
東嶺町
大田区
沼部駅
西嶺町
久が原
池上本門寺
本門寺
新丸子駅
久が原駅
中央
田園調布南
池上
大田区民会館
南久が原
武蔵小杉駅
鵜の木駅
千鳥町駅
池上通り
向河原駅
鵜の木
光明寺
下丸子駅
千鳥
池上駅
東邦大学
Olympic
下丸子公園
西蒲田
下丸子
武蔵新田駅
東矢口
元住吉駅
多摩堤通り
蓮沼駅
蒲田
矢口
矢口渡駅
蒲田駅
平間駅
多摩川
新蒲田
蒲田本町
南蒲田
多摩川大橋
鹿島田駅
神奈川県
川崎市
新川崎駅
仲六郷
雑色駅
西六郷
東六郷
北
幸区
南六郷
六郷橋緑地
六郷土手駅
矢向駅
六郷橋
鈴木町駅
港町駅
0
2km
東急大師線
ラゾーナ川崎プラザ
川崎駅
京急川崎駅
川崎競馬場
JR横須賀線
JR南武線
JR東海道新幹線

# 大田区の基礎データ

| | |
|---|---|
| 国 | 日本 |
| 地方 | 関東地方 |
| 都道府県 | 東京都 |
| 総面積 | 60.42㎢ |
| 人口 | 712,497 人 |
| 人口密度 | 11,792 人 /㎢ |
| 隣接自治体 | 東京都品川区、目黒区<br>世田谷区<br>神奈川県川崎市 |
| 市の木 | クスノキ |
| 市の花 | ウメ |
| 市の鳥 | ウグイス |
| 団体コード | 13111-3 |
| 市庁舎所在地 | 〒 144-8621<br>東京都大田区<br>蒲田五丁目 13 番 14 号 |
| 市庁舎電話番号 | 03-5744-1111（代表） |

※ 2016 年 3 月 1 日現在

## ●第4章●【羽田ブルーカラーエリアは大田区のネイティブなのか】……169

## 第1章
# 大田区の深〜い歴史を探ってみよう！

# 旧石器時代・古墳・縄文教科書のごとく古代の歴史が見える土地

## 江戸時代までほぼ無文字時代が続く

大田区というと町工場のイメージが強いので、歴史はだいたい高度成長期くらいからという印象がある。そりゃそうだ、大田区が誕生したのは太平洋戦争後の１９４７（昭和22）年なんだから。そもそも、大田区は東京でも足立区と並ぶ23区でも「郊外」に近いイメージの地域。日本の中心が近畿地方だった時代には、それこそ辺境の地だったと想像される。久原小学校内遺跡の出土例に見られるように、古くから人の住んでいた大田区一帯だが、文献史料は乏しい。現在も残る古墳は、古代の姿を伝えるが、文献史料には現在の大田区に関する記述は、ほぼない。『日本書紀』や『常陸国風土記』が伝える、日本武尊が東国を平定した記述から、古墳時代には、この地域も大和朝廷の支配に下っていたと考えられるが、具体的な状況は分からない。

ただ、古墳が多いことから推察するに、大和朝廷下の中心地のひとつであったことは推定される。一部の考古学者などは「胸刺国造」の支配地域が、古墳の集中する田園調布と多摩川沿岸だったともいうが、定説にはなっていない。

その後、奈良時代を経て、桓武朝の蝦夷征討、平将門の乱と時代を経ても、現在の大田区に関連する史料は出てこない。ようやく、大田区に関わる記述が出てくるのは、1282（弘安5）年に日蓮上人が、この地で入寂した池上本門寺の起源になってからだ。その後、池上本門寺に関する記述は史料として数多く出てくる。けれども、実際に大田区にどのような人々が住んでいたのか、詳細を知ることができる史料は皆無だ。1559（永禄2）年に北条氏康がつくらせた『小田原衆所領役帳（北条家分限帳）』という家臣の石高を記した史料で、ようやく大田区一帯をどのような武士が支配していたかを知ることができるが、なおも具体的な記述には欠ける。

## 江戸時代の大田区はロードサイド店舗が

ようやく現在の大田区に通じる記述が出てくるのは、徳川家康が関東に入り江戸幕府が成立して以降のことである。江戸時代、大田区一帯は旗本領や寺社領などが複雑に入り組んだ一帯だった。江戸時代を通じて、この地域には44の村が存在していた。江戸時代初頭は、郊外の農村地帯ということで、鷹場の世話役やら季節になると鮎の献上やらと、やたらと幕府からの支配がきつかったことも、文献から見えてくる。しかし、都市近郊ということもあり、貨幣経済の発達も早かった。大都市である江戸を支える生鮮食料品や海産物の供給地として、この地域は急速に発展していく。1721（享保6）年に川崎宿の名主だった田中休愚が記した『民間省要』という本によれば、30年くらい前までは、農民が月代をそるのは月に一度くらいだったのが、近年では毎日、髪を結うのに高価な伽羅の油を使うことが普通になったと記している。18世紀初頭には、この地域が商品経済の発達で、豊かになっていたことを示す事例だ。

経済が発達してくると、真面目に田畑を耕しているだけでは、カネが稼げないと多くの人は気づく。まず、経済が発達すれば人の動きも多くなるので、東海道や中原街道沿いの農民たちも「百姓なんてやってられるか」と、農業の傍らにさまざまな商売に手を出すようになった。19世紀初頭、1802（享和2）年に、六郷の渡しがあった八幡塚村で農民たちが農業のほかに営んでいる商売を記録した史料では、たばこ屋、質屋、茶店、もち屋、干物売り等々が記されている。1838（天保9）年の下沼部村の史料では、飴菓子、瀬戸物屋などの商売も見える。現在でも、多数の商店が軒を連ねる大田区だが、江戸時代も農村だったというわけでなく、ロードサイド型店舗が並んでいたというわけだ。

さて、江戸時代に大きく発展した大田区の産業といえば、海苔である。海苔の文字が最初に現れる文献は、1715（正徳5）年の羽田村と三大森村が深川漁師町や南八丁堀と、漁業における入会権を争った史料で、この史料では、当時はまだ海苔は養殖ではなく採取するものであったことも、記されている。樹木の枝を海面に立てて海苔を養殖するようになったのは、1727（享保12）年に始まるといわれる。この技術は、瞬く間に普及し、江戸時代後期には、大森一帯は、海苔の一大産地へと変貌したのだ。

大田区最大の歴史名所といえばこの大森貝塚！　なのだがこれには泣けるオチが……。P55からじっくり解説します

学術的には重要なのだが、一般的にウケるエピソードがないので知名度の低い久ヶ原遺跡

# 昭和初期から機械化著しいエリアだがメイン産業は海苔の養殖

## 維新と共に東京の産業集積地に変貌

明治から大正にかけて大田区一帯は、漁業と、工業と、そして歓楽街兼行楽地として怒濤の発展を遂げていく。１８８９（明治22）年に政府によって町村制が施行される。ここに、大森村、羽田村、六郷村、蒲田村など9の村が生まれ、ようやく現在に繋がる行政区画が見えてくる。

東京湾岸に工業地帯が広がっていくと、この一帯にも工場が進出してくる。しかし、漁業が発達していたがゆえに、工業化は隣の川崎よりも出遅れ明治末になってようやく本格化する。既に明治末期までに南北の川崎、品川一帯には工場が数多く立ち並ぶようになっていた。しかし、現代の大田区一帯には、大森にガス工場があるだけで漁村が広がっていた。この一帯は、最後の開拓地であったのだ。

大正に入ると、工場が次々と建築された。第一次世界大戦前までに、日本蓄電池、黒澤商店が次々と工場を建築していく。関東大震災までに進出した工場を挙げると、日本特殊鋼、新潟鉄工所、大倉陶園、さらに松竹蒲田撮影所もオープンした。その光景は大田区史によると「田螺や胡瓜を見なれた土地ッ子を驚かすこと夥し」かったという。これにともなって移住人口も拡大する。

1904（明治37）年に22279人だった蒲田村の人口は、1917（大正6）年には42122人となっている。こうして、僅か十数年で田園風景は巨大な工場群へと変貌した。拡大する「帝都」の郊外となったことで、農業を営んでいた農民のうち、自作農は農地を宅地にして植木職人に転職する者が多かった。その一方で小作農は、農業を捨て工場労働者へと生活の糧を変えていったのである。

## 戦前の大工場もすべて空襲で消え去った……

現在の大森駅一帯、とくに東口商店街と旧東海道筋の美原商店街は大正時代にすでにかなりの商業地として繁栄していた。現ＪＲ蒲田駅周辺も、蒲田撮影所のおかげで発展を遂げていた。今でこそ町工場のイメージが強い蒲田だが戦前はモダンな街であり、これには撮影所があったことは大きく影響している。西口には蒲田最初の百貨店・松芳が１９２３（大正12）年の大震災前に開店。震災は、この地域にも被害を与えたが、その年の年末には店舗数15店の大正マーケットが開設されたことに見られるように、震災からの復興は早かった。

このように、工場と共に商業地域も発展していった大田区一帯だが、それはごく限られた地域のこと。大森と蒲田以外の地域では、依然として郊外の不便な状態、すなわち店がほとんどない状態が続いていた。多くの地域では、地域によろず屋が一軒あり、あとは行商人から買うというのが、一般的だったようだ。その状況がようやく変化するのが、関東大震災後にサラリーマンの転入者が増えてからだ。

戦前のモダンな街並みはほとんど失われ、現存している古い建物は昭和30〜40年代様式のアパートなど

大震災後、郊外に住居を求めた人々によって残っていた農村風景も次第に宅地へと変貌していく。西欧型の田園都市を夢見た田園調布が開発され、文士の多く住む馬込一帯の開発も進んでいった。

こうして住宅地、工業地帯、海苔養殖を主体とした漁村と3つの顔を持つようになった、大田区一帯。戦時色が濃くなると、工場はさらなる発展を遂げていくことになるが、それらはすべて戦争末期の空襲で灰燼に帰することになるのであった。

# 現在の大田区の原型が作られた昭和30年代

## 焼け跡に並んだ闇市たち

朝鮮特需まで続いた、大田区の混乱期。それはまさに焦土からの再出発であった。工場も家も焼け、もともと軍需工場一色になっていたために敗戦とともに仕事はまったく消滅してしまった。戦争の激化と共に、1920（大正9）年に7万8000人を超えた地域の人口は1944（昭和19）年には56万人を越えるまでに増加している。しかし、空襲などで人口は激減し、1945（昭和20）年の末には21万人となった。その後再び人口は増加していき1948（昭和23）年には31万人超まで回復。焼け跡のなか、もっとも早く姿を現したのは、他の地域同様、大田区でも闇市であった。蒲田駅周辺には「青空市場」と称する露店が登場。大森駅前には、駅前から西に向かって店舗数400軒、総延長990メートルの東京でいちばん長い闇市が出現した。こうした闇市は、雪が谷大塚駅前、鵜の木駅前、池上駅前にも存在していたとされる。インフレと米価の高騰が原因で、普通に勤めてもとても食べていけないサラリーマンが、露天商の鑑札を手に入れて（土地を仕切る人々を通して手に入れたようだ）商売を始める例も多く見られた。

もちろん、闇市は犯罪の温床でもある。『蒲田警察署五十年誌』によれば、1948（昭和23）年頃までは、闇市では縄張りを巡って中国人と朝鮮人が乱闘を繰り広げ米軍が出動する事件、西口広場で行われていた街頭賭博を一斉検挙した記録などがあり、当時の様子をうかがい知ることができる。さらに、羽田、糀谷、六郷あたりではドブロクの密造も盛んに行われていて、1948（昭和23）年には警視庁、東京財務局、大森・品川税務署が一体となった大規模な摘発も行われた。大田区の闇市は1949（昭和24）年に入り、食糧事情が好転してきたことで整理が始まった。整理はスムーズに行われ闇市にあった店舗は移転するか、代替地に共同店舗をつくり戦後色は次第に消えていった。

## 憎き米軍を襲撃した大田区民がいた

さて、終戦直後の蒲田といえば名作マンガ『空手バカ一代』で描かれた、戦後の焼け野原で主人公の大山倍達が占領軍の兵士とケンカになるシーンが、そのまま当てはまるように見える（ちなみに原作者の梶原一騎先生は蒲田中学出身）。作中、ケンカの原因は占領軍の兵士が民衆に無法を働いたことにあったが実際に、そうした例は多く見られた。とくに、この地域には悪名高い「特殊軍慰安施設協会」が大森海岸にあったことも影響していると思われる。だが、地域の住民も泣き寝入りしていたわけではない。大田区史によると１９４６（昭和21）年４月28日には、糀谷にて米軍兵士２名が数十人の日本人に取り囲まれて半殺しにされる事件も発生、米軍が装甲車を出動させる事態となった。まさに、恨みの募る米軍に一矢を報いたわけだが、皮肉にも大田区復興の景気も、米軍によるものだった。

# 高度経済成長とバブル崩壊
# 日本の発展と衰退!?

## モダンな蒲田からブルーカラーの街へ

高度成長期に入ると、大田区の様相はがらりと変わっていく。陸側では、焼け跡だった大規模工場は、ほとんどが戻ってくることなく、さらに郊外へと移転していった。その跡地には、中小の工場や住宅が建設されていく。現・多摩川線沿いには戦後も、中規模以上の工場群が存在したが、物流やコストの面から、さらに安全面などさまざまな問題で、大規模工場は大田区から姿を消していった。

こうして、大田区は大企業の下請け工場が軒を連ねる場所として収斂されていったのである。海側での大きな変化は漁村の消滅である。高度成長期に至り、大森と羽田の住民は、東京湾の埋め立てを進める行政と、幾たびかの闘争を繰り広げた。しかし、時代の流れに抗することはできず漁民らは、ついに漁業権を放棄することを決意した。これにより、長きにわたって（おそらくは、先史時代から）地場産業だった漁業は、完全に消滅した。

現在も、大森一帯には、かつての特産品であった海苔を扱う問屋が残り「大森　海苔のふるさと館」が、かつての営みを保存している。しかし、工場群やマンションが立ち並ぶようになった現在、戦後しばらく、この地で海苔が養殖され、潮干狩りまで出来たことを知る術はなにもない。

海苔養殖の消滅によって、大田区には新たな宝の山が発見された。それは、海苔の干し場に利用されていた土地である。海苔の生産において、収穫した海苔の乾燥に広大な土地が必要となる。そのため、干し場は海沿いだけではなく、呑川を遡って蒲田あたりまで広がっていった。

この空いた土地で、元・漁民たちは莫大な補償金を元手に新たな事業に乗り出した。主な事業としてあげられるのが、アパート経営と、工場経営である。アパート経営は、就職のために上京してきた「金の卵」から、所帯を持った若い工場労働者まで店子には困らなかった。工場経営も、周囲の町工場よりも広い土地があるため、大規模に経営することができた。いわれるがままに工作機械を購入して、見よう見まねで製造した質の低い製品でも、当時はそれなりに需要があったのだ。事実、この頃は大手企業（今では世界に名だたるアノ企業です）の電気製品をど素人の主婦たちによって作らせ、大量の不良品を出すような事態もあったという。

こうして、大田区は、工場群を中心に著しく発展を遂げていく。ターミナルである蒲田も、映画産業が栄えた戦前のモダンな蒲田とは違う、ブルーカラーの色を輝かせながら。１９７３（昭和48）年、大田区は８８０３社の工場を持つまでに至った。

## バブルが弾けて大田区も終了⁉

オイルショック、80年代初頭の不況と、高度成長期を終えて日本には様々な矛盾と混乱が生まれるようになった。それでも、まだ大田区も、ほかの日本人と意識は変わらなかった。「まだまだ景気は回復する」と誰もが思っていた。しかし、最後の好景気であったバブルの終焉と共に大田区にも危機が訪れた。特に酷かったのは、技術力の高くない、大量生産をメインにした工場で、そうした工場の主たちは、次々と首を吊ったという。大田区において、バブルが残したのは、やたらと立派な区役所だけだった。しかし、大田区が完全に枯れた貧民窟の様相を呈しているかといえば違う。バブルから二十年あまり、さらにリーマンショックを経ても、まだ大田区は踏みとどまっている。羽田空港直近という地の利を生かし、残された町工場に少数精鋭の意識を与え再生を図ろうとしているのだ。

さらに、伝統的に時代と共に新たな移住者が流入してきた状況は、現在も続いている。廃業した工場などは次々とマンションに生まれ変わった。世代交代によって工場を廃業した後、相続税対策としてマンションに建て替える例も多い。こうして、21世紀になってなお、新たな住民が大田区には、わんさかと押し寄せている。大田区は、郊外のベッドタウンとして新たな時代へ突入しようとしている。

大田区コラム 1

# 羽田飛行場の拡張で生まれた武蔵新田の遊郭

東急多摩川線の武蔵新田駅近くの商店街にあるマルエツの裏あたりには「武蔵新田社交街」と呼ばれる赤線地帯があった。かつては、名残を留める街頭や建物もあったが、21世紀に入り、そうした遺構も次第に姿を消した。人々の記憶も次第に曖昧になり「赤線時代の名残」といわれる古い建物も、今では本当にそうだったのか判然としないものが多い。武蔵新田社交街について記した資料も少ない。『太田区史』は、区内にあった二業地・三業地について多くの頁を割いているが、武蔵新田社交街については、触れられていない。上村敏彦の『花街・色街・艶な街 色街編』（街と暮らし社、2008年）の記述によれば、武蔵新田社交街は「カフェー街の角地には組合事務所の「新田会館」があり、定期的な性病の検診も行われていた。働いている女性は女工からの転身組が多く、20代の若い女性が揃っていた。客は沿線の工場労働者が多かった。営業用の建

物は大きなアパート3棟が使われ、それぞれ第一、第二、第三クラブと称し、外観にタイルをはめ込んだ壁が特徴だった。全体で10軒ほどが集中していた」と記されている。

そもそも、この赤線地帯ができたのは終戦も迫った１９４５（昭和20）年7月頃のことで、最初は穴守稲荷周辺の遊郭から移転した人々が主だったという。主な客は、周辺にあった軍需工場で働く工員で終戦までは大いに繁盛したそうだ。その後も、売春防止法が廃止になるまで大いに栄えたのである。しかし、商売繁盛に比べて赤線として指定された地域が狭かったために、武蔵新田社交街のカフェー業者は、新たに池上への進出を企てる。しかし、新店舗の建設中に、そのことを知った池上の住民たちは猛烈な反対運動を展開。国会まで巻き込んだ、一大事件に発展した。1950（昭和25）年に起こった、この事件は「池上特飲街事件」として、国会記録にも残る事件となっている。門前町と売春は、切っても切れないハズなのに反対運動などした池上の住民たちの思考は、理解しがたい。

ちなみに、武蔵新田社交街についてもっとも詳しい記述をしているのは、全国の赤線跡探訪者たちが喉から手が出るほど欲しい本として知られる『全国女性街ガイド』なる珍本である。

国会図書館にもなく、東京大学図書館にはコピーが蔵書されているという謎の本（しかも、なぜか専門外の農学生命科学図書館に）だが興味がある人は、どうぞ。

# 第2章
# 大田区は世間一般とズレている

# 大田区のイメージは田園調布と町工場だった

## 金持ちと貧乏人が絶妙に共存する街

大田区は広い。23区でもっとも広い。だがイメージは様々だ。まず「大田区」と聞いたときに思い浮かべるのはキューポラが設置されていそうな町工場の連なる風景である。見るからに貧乏な風景ゆえに、この町は忌避されてきた。

ところが、バブルが崩壊後の日本経済の悲惨な落ち込みと、その反動として「プロジェクトX」のような番組がブームになり、大田区の町工場は恥から誇りへと転換した。薄汚れた町工場は「ここにしかない技術」「職人芸」「物作り」という尊大なキーワードで、今や世間の尊敬を集めるまでに変貌を遂げているのである。

そんな大田区のもう一つの顔が、田園調布を中心に広がる日本有数の高級住宅地である。どこまでいっても同じ家の塀が続き、まさに「御殿」と形容するのがふさわしい高級住宅地。１９８０年に漫才コンビの星セント・ルイスが「弁がたつ、腕がたつ、田園調布に家が建つ」というネタで人気を博したのを機に、その名前は全国に知れ渡った。実際、計画的に造成された、高級住宅地ぶりは都内でも随一のものだ。田園調布駅を中心に放射状に広がる銀杏並木は地図上でも美しく映える。ところが、大田区の高級住宅地は田園調布だけではない。

実は、高級住宅地の占める割合はかなり広い。例えば、東急池上線沿いも品川区側は、どの駅で降りても、ごちゃごちゃした雑踏だが、大田区に入った途端に突然、高そうな家が目立つようになる。東急の各線が交差する多摩川駅も、駅から降りると商店はほとんど存在せず、住宅と緑ばかりが目につく。本当の金持ちはスーパーなんかでは買い物をしないことを知らしめてくれる駅である。また、サラリーマンを都心へと運ぶ労働力輸送列車とばかり思われている京浜東北線・大森駅西側にも高級住宅地の山王が存在する。

大田区は町工場地帯と高級住宅地が分け隔てられることなく混在している特殊な地域といえるだろう。

## マンションも増えて、さらに混住が加速

もとより金持ちと貧乏人が仲良く暮らしてきた大田区のカオスな雰囲気を進展させているのが近年のマンションや一戸建ての増加。住宅価格は足立区や葛飾区に比べれば遙かに高額だが、最寄りのターミナル駅は渋谷駅や品川駅である。どんなに頑張っても最寄りが北千住駅や上野駅な地域とは格段にレベルが違う。さらに、多摩川の河川敷を散歩すれば、すさんだ空気を放っている川崎市を対岸に望み、いくばくかの優越感に浸ることもできる。

足立区や葛飾区が、うらぶれたイメージから逃れられないのに対して、大田区は違う。高級住宅地にプラスして、薄汚い町工場も「技術立国」の名の下に埃から誇りへと転換した大田区は、まさに「日本の特別地域」と呼ぶにふさわしい地域なのである。

ここは日本？　同じ人間なのに、なんでこんなに差があるの？　と思わずショボクレたくなる田園調布

うらぶれた雰囲気の町工場地帯を歩くと、「ものづくりニッポン」なんて掛け声も空しく聞こえる

# 人口は多い！のに量販店も駅ビルもほとんどない！

## 都心か、川崎か？　苦悶する買い物難民

日々の買い物の多くは、巨大資本との密接な関係にある。食卓にのぼるオカズひとつを取っても、スーパーで買ってきた食材が、どれだけの量を占めているだろうか。1円の違いにも、汗をダラダラと流して細かい計算をしなければならない庶民。すべては

「どれだけ安いか？」

が基準になっている。ゆえに

「いい物をより安く」

していることを看板に据えた量販店は大繁盛している。そんな庶民でも時に

は奮発して、「高くてよい物」を買おうとする。だが、大田区という地域は、残念なことにそうした庶民のニーズに応えることのできる店をまったく準備することができていないのである。

そのため、哀しいかな多くの大田区民は、都心へ、もしくは川崎市へと買い物旅行を余儀なくされているのである。

都心に向かうならともかく、川崎市へと都落ちせねばならない大田区民の労苦は計り知れない。

さて、御託はともかく、23区3位の人口を誇る大田区には異常なほど量販店が少ない。近年だとターミナル駅もしくは街道沿いには大規模な家電量販店が必ず存在するはずなのだが、大田区にはない。

家電量販店が皆無ではないのだが、いずれも中規模以下。もっとも最寄りの家電量販店は、川崎駅前のヨドバシカメラとなってしまう。

パソコン用品を買うときなんかは、川崎に行くか秋葉原に行くか迷う大田区民が実に多い（特に蒲田よりの住民はそうだろう）。

大田区に引っ越してきて

「さて、家電を買おうか」

と考えた新住民が、戸惑いを覚えることは想像に難くない。もちろん、中規模以下の量販店がまったく機能しないわけではないけれど商品のラインナップは明らかに見劣りする。大田区では買えないものの筆頭にランクインするのが家電なのだ。

最近、人気の倹約生活系のテレビ番組でやたらと取り上げられる、大型スーパー「コストコ」もやっぱり川崎にはあるが大田区には存在しない（意外と高い）。川崎と同じく、海沿いには埋立地もいっぱいあり、進出する土地に不自由はしないはずの大田区で、なぜ大型量販店が発達していかないのだろうか？　これからってことなのだろうか？　最初から見放されているのだろうか？

## ディスカウント店もやっぱり地元系だ

23区の中で、大田区と似た雰囲気の区といえば、やっぱり足立区だろう。その足立区では、ドン・キホーテが住民の生活に密着した存在になっている。それに比べて、大田区ではドン・キホーテの存在感は極めて薄い。大田区にだって足立区に負けずとも劣らない立派なドン・キホーテが店を構えているのに、何故なのだろうか？

その答えは、所在地が平和島だからである！

ドン・キホーテを、大いに利用する階層の人々が、無数に暮らしていると考えられる平和島に出店したドン・キホーテの経営戦略は間違いなく正しい。けれども、平和島というか京急線沿線は、大田区でも明らかに他の地域と分断された地域なのだ。わざわざ買い物に出かけるにしても、品川駅か蒲田駅から京急線に乗り換え、もしくはバス利用。そんな買い出しする大田区民なんて聞いたことがない。

この立地ゆえに、大田区でのドン・キホーテの扱いは、あくまでも平和島ローカルなディスカウント・ショップになっているのだ。

とはいえ、大田区民がディスカウント・ショップを嫌っているかというとそうではない。むしろ大好きである。

たとえば地元密着型のディスカウント・ショップ「どっきりカメラのキシフォート」は、長らく大田区民に親しまれた存在だ。ちなみに店の名前に「カメラ」とはついているものの、何故かカメラを買っている人はあまり見かけない。たぶん、店の人もあまりカメラを主力商品とは考えていないだろう。また、大森駅近くにある「ダイシン百貨店」は、ディスカウント系としては大田区どころか23区でもオンリーワンの存在だ。ここがなによりスゴイのは、パッと見がデパートなのに、中に入るとほとんどスーパーなこと。

特に洗剤などの生活雑貨コーナーの充実ぶりは凄まじく、

「世の中には、こんなに洗剤があるんだなあ」

と眺めているだけで満足できること間違いない。さらに、第二京浜などの街道を備えているためか、バイク、自動車、自転車などの専門系大型店舗は、やたらと充実している。別ページで扱う蒲田駅前のユザワヤをはじめ、専門系大型店舗の充実っぷりで大田区にかなう地域は存在しないだろう。

## 駅ビルがしょぼいというか、昭和だ

ＪＲ東日本が駅ナカを充実させ始めて以来、全国レベルで駅ビルに入居する商店は充実し始めている。

ところが、大田区でまともに使えそうな駅ビルになっているのは、蒲田と大森だけ。ほかに目立つ駅ビルがあるとすればギリギリで大岡山駅くらい。とはいっても、上にあるのは駅ビルじゃなくて東急病院。駅の上にあるからといって、どれだけ利便性があるのかは、甚だ疑問である。

大田区の駅の多くは東急と京急が占めているわけだが、基本はホームだけ。遠隔操作のシステムが出来てからは駅員すら存在しない駅も当たり前になった。東急線では、系列のカルチャースクールが入居する駅ビルがある池上線雪が谷大塚駅をのぞけば「整備する気ゼロ」の駅ばかりだ（東急線に乗ると、このカルチャースクールの広告がやたらと目につく）。駅のベンチは長い木製、ホー

乗降人数3万人規模の池上駅もこの通りやたらと質素。東横線や田園都市線の駅となんでこんなに違うのか、と叫びたくなる

ムの屋根も木製で昭和の香りを楽しませてくれる東急。最近では駅ビルどころか駅の売店まで続々と閉店しつつある（いつの間にやら、武蔵新田駅の駅売店も消滅）。

ま、コンクリートの高架駅で情緒もへったくれもなしの京急線よりはマシだけどね。

## 23区人口ランキング

| 順位 | 区 | 人口 |
|---|---|---|
| 1 | 世田谷区 | 908,325 |
| 2 | 練馬区 | 727,252 |
| 3 | 大田区 | 711,623 |
| 4 | 足立区 | 694,632 |
| 5 | 江戸川区 | 684,871 |
| 6 | 杉並区 | 563,701 |
| 7 | 板橋区 | 550,149 |
| 8 | 江東区 | 490,921 |
| 9 | 葛飾区 | 445,671 |
| 10 | 品川区 | 380,917 |
| 11 | 北区 | 341,970 |
| 12 | 新宿区 | 341,009 |
| 13 | 中野区 | 324,357 |
| 14 | 豊島区 | 299,587 |
| 15 | 目黒区 | 277,764 |
| 16 | 墨田区 | 259,204 |
| 17 | 港区 | 222,080 |
| 18 | 文京区 | 218,771 |
| 19 | 渋谷区 | 217,456 |
| 20 | 荒川区 | 209,899 |
| 21 | 台東区 | 186,895 |
| 22 | 中央区 | 144,440 |
| 23 | 千代田区 | 55,131 |

各区発表データ（2016年1月）

大森海岸には大田区に一軒しかないイトーヨーカードーが存在する。橋頭堡というか、孤塁というか……

大田区はあんなに広いのに駅ビルらしい駅ビルは大森駅と蒲田駅くらいしか存在しないのはなぜ？

# 収入は多め！　のはずなのに町並みがビンボーくさい！

## ちょっと歩けば街並みが変わる

大田区ほど、金持ちと貧乏人が混在している街は珍しい。多摩川線沿いの、うらぶれた感じの下町を歩いていても、崩れ落ちそうな家屋が密集しているかと思えば、趣のある豪邸が出現したりする。多摩川線以上に貧乏の香りが漂う京急線でも同様だ。六郷土手なんて、もう駅の名前からして地の果てに辿り着いたようなイメージを持たせてくれるのだが、最近ではオシャレな建て売り住宅が増加しつつある。もっとも、住みたがる人は少ないのか、他の地域に比べて値段は随分と安いけれど。この、ちょっと歩いているだけで金持ち地域と貧乏地域を両方味わえるのが大田区の特徴。高級住宅地の代名詞である田園調布も、この特徴を如実に示してくれる。駅前はとことん綺麗で、駅周辺をぐるりとめぐるだけで高級住宅地のなんたるかを理解することのできる田園調布。けれども、ちょっと外れて田園調布本町と呼ばれるほうへ行けば、いきなり、ひどく昭和を感じさせるアパートが現れてくる。京急線沿線にありそうな寂しい独身住まい風の建物も山と並んでいるから、どこが田園調布かわからない。ほかにも、多摩川線の下丸子から池上線方面に歩いていくと突然ゴミゴミした街が終わり、えらく長い塀の続く家ばかりの一角が出現するスポットも。ここは、微妙な上り坂を歩いていくと、街の風景が変貌していくので、まさに天界と下界みたいな雰囲気である。

このように、やたらと人口が多くて面積も広い分、金持ちなんだか貧乏なんだか明確に区分することのできない大田区。その実態をさらに詳しく調べてみた。

## 23区ではミドルクラス　それなりに儲かってる

まず、東京23区の中での大田区の金持ち具合を調べてみよう。まずは、各区の給与所得者からはじき出した、ひとりあたりの平均所得をみてみる。これによると、大田区の年間平均所得は約４０６万円である。この元になるデータは２０１４年のものであり、リーマンショックの影響がまだ残っており、２００５年頃の水準にはまだ戻っていないのだが、それでも「そこそこ食べていける程度には給料をもらっている」という印象だ。この調査中にあきらかになったのだが、実は平均所得から見た23区の格差は大きく３つに分類できる。ひとつは、指数１００オーバーのブルジョア地域。指数では１８１・８と平均をはるかに超える値を示す港区を筆頭として、千代田区、文京区、世田谷区、目黒区などが属するグループである。ちなみに品川区の指数はちょうど１００。品川区を23区の年収標準モデルと考えてもいいだろう。

次が指数90台のグループ。大田区の他、練馬区、豊島区、台東区などがここに属する。

最後が、指数80台か、それ以下のグループ。葛飾区、荒川区、板橋区、江戸川区などがこれにあたる。ちなみに、足立区は最低の77・9となっている。このデータから、大田区は23区の中では金持ちでもなければ酷い貧乏地域でもないことが明確にわかる。

おそらくは、都民が日常抱いている23区各地域のイメージともリンクしているのではなかろうか。つまり、大田区は文京区や目黒区のようなブルジョア地帯には決してかなわないものの、葛飾区や足立区のような地域に比べれば、だいぶマシということである。取材中、筆者も気づいたのだが大田区は、足立区や葛飾区に比べ写真を撮りながら街を歩いていても「これは、ヤバいところに来てしまった」と恐怖するような地域がほとんどなかった。やはり、街のイメージや実際に足を踏み入れた時の雰囲気のよさは、所得と密接にリンクしているのかもしれない。

## 大田区一番の金持ち地帯はどこなのか？

金持ちと貧乏人が共存する大田区。少し古いが１９９９年の長者番付を元に大田区内の各地域ごとに分析してみよう（これ以降は法改正の関係でデータが少ない）。

いうまでもなく、田園調布は極端なまでに金持ち集中地域である。ただ、広い大田区からみれば、逆に田園調布が異常地帯。以下、金持ち地域として久が原、山王などの地名が挙がってくるが、ここは冒頭に記したように、かなり庶民的な下町と隣接している。というか、それぞれの最寄り駅、池上線の久が原駅、京浜東北線の大森駅はいずれも庶民的な商店街が広がる一帯。それゆえか、田園調布のように「どこの国の城だよ！」と突っ込んでしまいたくなるようなイヤミったらしい金持ちの家は見かけない。せいぜい、建物が少々立派とか、玄関が広いとかその程度である。このように、田園調布のような異常な地域は別として、大田区では金持ちと貧乏人がモザイク状に居住していると考えることができる。所得がバラバラな階層が、ごちゃ混ぜになっていることは、肩肘張

## ビンボーくさい地域MAP

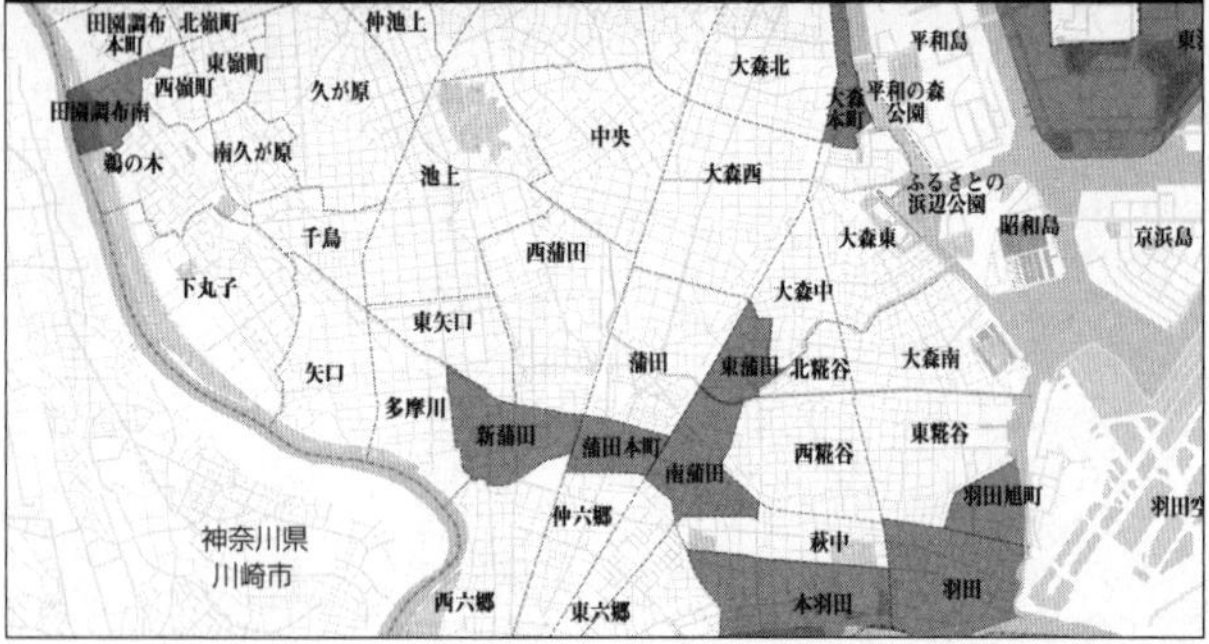


らずに暮らせる居心地のよさでもある。ただ、それは同時に、なんだか、どこにいっても街が妙に下町っぽい＝ダサくて貧乏くさいという雰囲気の源なのだ。

　ジャージやパジャマ姿で外出しても、奇異の目で見られないのは楽なんだけど、区内のどこに出かけても、オシャレのカケラもないのは、ちょっと勘弁してもらいたいところだよね、まったく。

## 数字で見る各区のフトコロ具合

| | 区 | 一人あたり所得（千円） | 指数（23区平均を100とした場合） |
|---|---|---|---|
| | 総数 | 4,130 | 100 |
| 1 | 港区 | 7,508 | 181.8 |
| 2 | 千代田区 | 6,673 | 161.6 |
| 3 | 渋谷区 | 5,702 | 138.1 |
| 4 | 中央区 | 5,367 | 130 |
| 5 | 文京区 | 5,306 | 128.5 |
| 6 | 目黒区 | 5,023 | 121.6 |
| 7 | 世田谷区 | 4,780 | 115.7 |
| 8 | 新宿区 | 4,542 | 110 |
| 9 | 品川区 | 4,230 | 102.4 |
| 10 | 杉並区 | 4,174 | 101.1 |
| 11 | 江東区 | 4,008 | 97 |
| 12 | 豊島区 | 3,971 | 96.2 |
| 13 | 練馬区 | 3,885 | 94.1 |
| 14 | 大田区 | 3,858 | 93.4 |
| 15 | 台東区 | 3,842 | 93 |
| 16 | 中野区 | 3,763 | 91.1 |
| 17 | 墨田区 | 3,534 | 85.6 |
| 18 | 北区 | 3,512 | 85 |
| 19 | 荒川区 | 3,481 | 84.3 |
| 20 | 板橋区 | 3,454 | 83.6 |
| 21 | 江戸川区 | 3,408 | 82.5 |
| 22 | 葛飾区 | 3,320 | 80.4 |
| 23 | 足立区 | 3,216 | 77.9 |

※大田区正ファイル平成27年度版より作成

いかにもビンボーっぽい風情の商店街だけど、シャッター通りにはならない。底力が違うんだろうか？

下町っぽい路地が残る大田区。ビンボーかもしれないが、それなりに緑が多くて心が和む風景だ

# 大森貝塚の記念碑がある！のに大森貝塚は品川区!!

## 日本考古学発祥の地はどこにある？

小学校の教科書にも載っている、超有名な名所・大森貝塚。縄文時代後期から末期にかけての悠久の歴史を現代に残す遺跡である。

この貝塚は教科書にも書いてあるとおり、日本で初めて本格的な発掘調査が行われた場所だ。その発見は、１８７７年。設立されたばかりの東京帝国大学に教授として招かれたアメリカの動物学者・モースは横浜港から、これまた完成して間もない鉄道で東京へと向かっていた。何気なく、窓の外を眺めていたモースは、ふと線路沿いの崖に貝が山のように積もっている断面を見つけた。

モースの母国・アメリカをはじめ欧米では既に考古学がある程度科学的な学

問として確立されていたことから、モースはすぐにこれが古代の人々の生活の跡であることに気づいた。数日後、東京帝国大学に赴任したモースは、早速学生たちを率いて、現地の発掘を始めたのである。

予測通り、モースの見つけた崖の周辺からは縄文土器をはじめ貝や魚の骨など、古代の人々の生活の痕跡が数多く発掘された。これらの発掘成果は１８７９年に『大森貝墟古物編』として発表される。モースの日本滞在は、２年半あまりだったが、モースの下で発掘に従事した学生たちは、やがて日本に考古学という新しい学問を定着させていくことになったのである。

## いったい貝塚はどこにあった？

このように、日本の歴史を語る上で欠かせない重要な名所を持っている大田区。だが、ここには大きな罠が待ち受けていたのだ。

というのも、果たして大森貝塚がどこにあったのかということは長い間、考古学上の論争になってきたからである。なぜなら、『大森貝墟古物編』には、遺跡の発掘場所がまったく示されていなかったのである。発掘にあたって地図上の正確な位置を記すのは当たり前の話だと思うが……。

やはり、モースも本業は考古学者ではなく動物学者。おまけに学生たちは、素人。どうも「宝の山だー！」と、土器や骨を掘り当てることばかりに目が向き、肝心の遺跡の場所をちゃんと覚えていなかったらしい……（ちなみに、現在では掘り始める前に遺跡の周囲も含めて測量するのは当たり前である）。

後にこの遺跡の場所を探り当てることは、かなり重要な問題になる。

というのも「たぶん、このあたり」と推測される遺跡の場所がちょうど品川区と大田区にまたがってしまったからである。

1929年には品川区側に「大森貝塚」と記された碑が建ち、1930年には大森駅近くに「大森貝墟」と記された碑が建てられて「ウチこそ本物」とする意地の張り合いは激化する。

その論争がようやく決着したのは1984年。再発掘の結果、モースの記録と同じ発掘の痕跡が品川区側で見つかり、発掘当時に東京府が大井村字鹿島谷（現在の品川区大井六丁目）の土地所有者に補償金を支払った記録も発見されたのである。

かくて、モースの発掘した大森貝塚は品川区側であったことは、まぎれもない事実となったのである。

## 町おこしのタネを失った大田区

さて、大森貝塚のあったあたりに行ってみると品川区側には大田区との境界線近くに「大森貝塚遺跡庭園」と称する立派な公園が存在する。これに対して、大田区側にはなんにもない。品川区は、大森貝塚をかなり町おこしのタネに使っているようで、庭園の近くには「品川区立歴史館」という、規模の大きな歴史博物館まで設立しているのだ（余談だが、筆者は大学の博物館実習を、ここで受講した）。

品川区側はこの貝塚を教育にも有効に活用している。庭園には土器を焼く設備なども整っており、夏には小学生を対象にした「縄文土器をつくろう！」といった類のイベントも開催されているのだ。

こうした品川区の繁栄（？）ぶりに面白くないのか、区の境界線の大田区側には「大森貝墟」と刻まれた巨大な石碑もあることにはある。でも、とりあえず存在している程度に過ぎない。大森貝塚自体は、考古学ファンの聖地ともいうべき存在なので多くの人が訪れるのだが、大抵の人は大森駅にある「日本考古学発祥の地」の碑を写真に収めて、バスで品川区側へ。庭園を適当にぶらついて、品川区の博物館を見て帰るのが定番コース。多くの人は、大田区側の碑を見ることもないし、交わされる話題の中で確実に話されるのは「大森貝塚を取られた」大田区への同情である。

大森の地名を全国区にはしたものの、1円も得をしているようには見えない大田区。まさに「同情するなら、金をくれ」状態だろう。

## 大森貝塚年表

| 年代 | 出来事 |
|---|---|
| 約 4,500 ～ 2,800 年前 | 縄文時代後期～晩期、貝塚が形成される |
| 1877 年 6 月 19 日 | エドワード・S・モースが横浜から新橋に向かう列車の窓から、貝塚を発見 |
| 1877 年秋頃 | ハインリッヒ・フォン・シーボルトが貝塚を発見 |
| 1877 年 9 月 16 日 | モースが第 1 回発掘調査を行い、5 日間で論文を書き上げる |
| 1877 年 10 月 | モースが教授を務める東京帝国大学が東京府に発掘許可独占を申請。受理される |
| 1877 年 12 月 | モースがイギリスの学術誌『Nature』12 月 19 日号に大森貝塚発見の論文を投稿 |
| 1878 年 1 月 | シーボルトが『Nature』1 月 31 日号に自分が貝塚を発見したという記事を寄稿 |
| 1878 年 7 月 20 日 | シーボルトがコペンハーゲン国立博物館館長 J・A・ウォルソーに貝塚発見を報告 |
| 1879 年 | モースが報告書を出版 |
| 1929 年 | 大阪毎日新聞社長の本山彦一が発起人となって、品川区側に「大森貝塚」碑が建立される |
| 1930 年 | 最初の発掘メンバーだった生物学者、佐々木忠次郎が発起人となって、大田区（当時は大森町）側に「大森貝墟」碑が建立される |
| 1955 年 | 国の史跡に指定される |
| 1975 年 | 東京大学保管の出土品すべてが国の重要文化財に指定される |
| 1977 年 | 東京都公文書館で「発掘補償金」文書が発見され、発掘地点が「大井鹿島谷二千九百六十番地」（現在の品川区側）だったことが判明 |
| 1984 年 | 品川区が貝塚碑周辺を遺跡庭園として整備。この時の調査で、モースの発掘地点が確定される |

※各種資料より独自作成

品川区側にある大森貝塚遺跡庭園に建てられたエドワード・S・モース博士の銅像。ほんとは動物学者

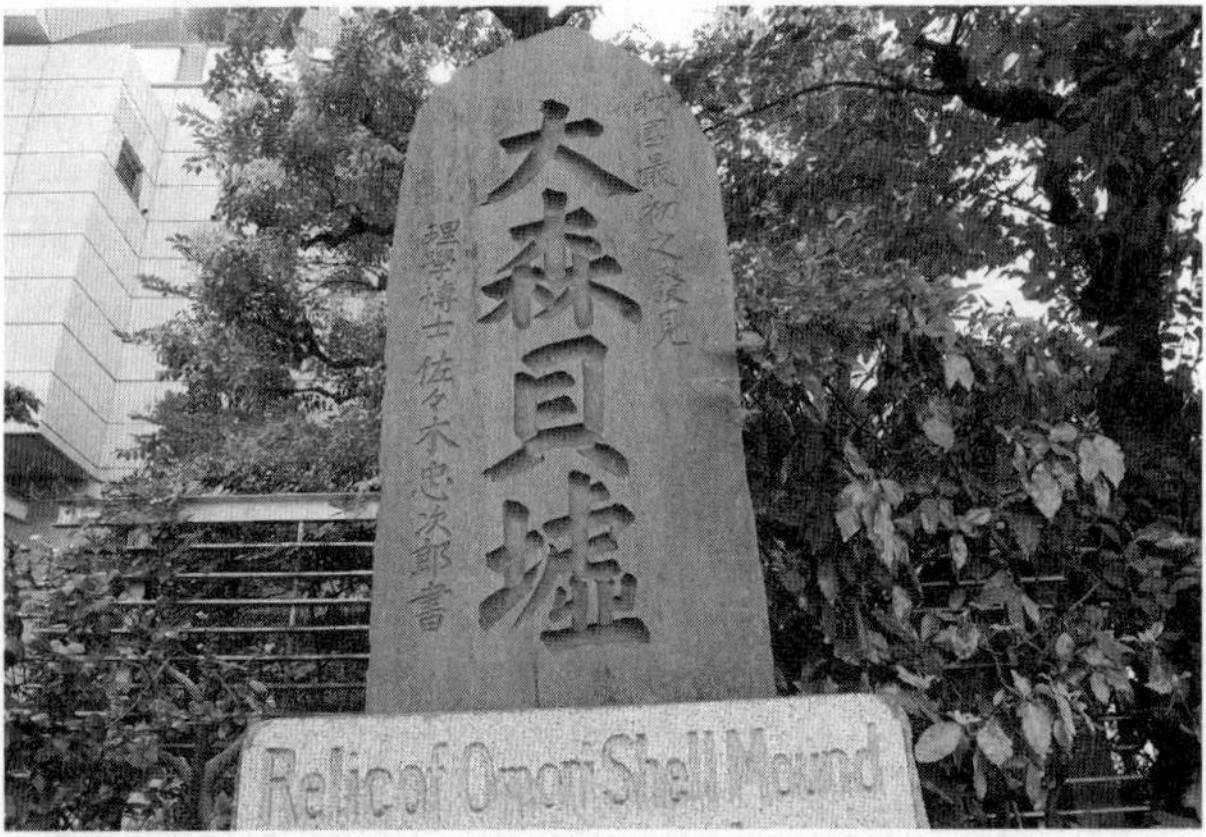


大田区側のビルの谷間にひっそりと残る大森貝墟碑。撤去しないのは意地か、これも歴史という見識か？

# ＪＲの主要路線が集まっている！のにどの列車も通過する

## 鉄道網だけは集中しているのだが

東京23区の鉄道事情は様々。やたらと鉄道路線へのアクセスが悪い筆頭格は足立区。地方人のあこがれるハイソ（？）な杉並区にも鉄道空白地帯は存在する。そうした中で、大田区はやたらと鉄道のアクセスがいい地域だと思われる。ＪＲに京急、東急。区内のほとんどの地域を鉄道が網羅しているのだ。

さらにいえば、西の方から一旗あげることを夢見てやってくる田舎者にとって、東京ファーストコンタクトは大田区である。東海道新幹線に乗っていると、田舎者は多摩川を渡ったら、いそいそと荷物を網棚から降ろして、出口に立つ光景がよく見られる。ご存じの通り、停車駅まではまだだいぶあるのだが……

（とはいえ、新幹線品川駅ができてから多少は改善された。筆者が上京した時には東京駅到着まで20分近くドアの前で待ちぼうけを）。

さて、東海道新幹線を筆頭に、大田区にはJR路線もいっぱい。京浜東北線、東海道本線、横須賀線、湘南新宿ライン。あれ、こうして並べるとなんだか、大田区にはなじみのない路線ばかり。いや、あえて指摘するのも酷かもしれないが、随分とJR路線が走っている割に、そのほとんどに通過されてしまうのが、大田区なのである。大田区のあちこちから、スピードを上げて走り抜けていく姿が見える、東海道線、横須賀線、新幹線。ただ走り抜けていくだけの姿に「俺たちの街をコケにしやがって」と思っている大田区民が多いことは想像に難くない。

そこまで愛郷心に満ちていなくても、京浜東北線を通勤通学に使う人ならば「東海道線があればな」と考えたことは、一度や二度ではないはずだ。蒲田駅や大森駅では、朝のラッシュ時などに、人身事故で電車が止まってしまえば、別路線へ逃げるのは、えらく困難。東急線はあさっての方向へ向かうし京急線の駅は遙か地の果てなのだから。すでに数十年、こんな調子なのに人身事故に伴う混雑が暴動になっていないところを見ると、大田区民は非常に我慢強い人々だということが理解できる。いや、もしくは牙を抜かれた豚ばかりなのかもしれないけど。

## 品川駅には劣るけど駅の規模はかなり大

単に電車が止まらないことに不平をいうだけでは、まさに「我田引鉄」。計画中のリニア新幹線を「ウチの街に止まるようにしろ」とか主張している田舎の人々と大差がない。では、実際の数値を調べてみるとＪＲ蒲田駅の一日平均乗車人員は、14万２９０人。ＪＲ東日本の駅の中では第20位となる。大森駅は1日平均９万３１０３人と、こちらは第43位。ところが、乗り換え路線のない駅の中では第1位という、隠れたマンモスターミナルでもあるのだ。周辺の駅と比較してみると、ＪＲ川崎駅は、20万４１５３人で第10位、大井町駅は10万１２４６人で第38位となっている。つまり上野駅（18万２４６８人）や品川駅（34万２４７５人）などのターミナル駅と比べると、人数が劣るのは確かだけれど、かなり利用規模の大きい駅であるといえそうだ。

これなら、もっと「停車する電車を増やせ」と大田区民からの声があってもよさそうな気がするのだが、そうした声は表だっては存在していない。なぜだろう？　通勤に利用するとして、蒲田駅、大森駅から乗車した人たちが降りていくのは大井町〜有楽町あたり。つまり、ラッシュのピークを除けば東京駅を過ぎれば空席すら見えるときもある。ギュウギュウに詰め込まれても我慢する時間は、せいぜい20分程度。「まあ、近いからいいか」という程度しか、大田区民は考えていないに違いない。

取材中にも、夕方の京浜東北線に乗っていたら「川崎駅で人身事故のため、蒲田より先は運転見合わせ」のアナウンスが流れた。で、蒲田駅について、しばらくホームにたたずんでいたら、ようやく再開された大船行きに狂気の形相で詰め込まれた神奈川県民たちの横を、大田区民たちはほくそ笑みながら歩いていくのである。ああ「都民でよかった」そんな優越感が、きっとあるのは間違いない。

# 西大井駅よりも役に立つと思うが？

東海道本線が通過していくのは、大都市間を繋ぐことが目的の路線だから、まだ理解できる。横須賀線も、目的は、神奈川県のド田舎からやってくる物好きな労働者たちを運ぶのが路線の使命だから仕方ないだろう。しかし、酷いのが湘南新宿ラインだ。品川区には大崎駅、西大井駅とふたつも駅が存在しているのに、大田区はまるで存在しないかのように、通過されて電車は新川崎駅へと向かってしまうのだ。

このため、新宿・渋谷方面へＪＲを利用して出かけようと思ったら、京浜東北線を利用して品川駅で山手線に乗り換えることに。おまけに山手線の品川駅と大崎駅の間は、駅の距離は長いし大きくカーブしているしで、遠回りされているイヤな気分になること間違いなし。そこで、大田区民の多くは、東急の各線を利用して新宿・渋谷方面を目指すことになっている。もともとメイン路線は東急の各線みたいな雰囲気のある大田区だから、納得できるかといえばそうでもない。なにしろ、東急線は遅い、おまけに東横線は渋谷まで遠い。ゆえに

京浜東北線と同じ路線なのに停車してくれない東海道本線。せめて蒲田にでも停まってくれたらいいのに

大田区民の多くが、湘南新宿ラインの駅を求めていることは間違いない。なにせ、品川区唯一の湘南新宿ラインの駅・西大井駅も酷いモノ。平均乗車人員は1万5127人で見た目は、片田舎のローカル駅風。ほとんどインチキみたいな駅が品川区にだけあるなんて、この駅を見た大田区民が怒っていることは間違いないだろうね。

ＪＲ蒲田駅。東海道線は停車せず。東急多摩川線、池上線への乗り換えは便利だが、京急蒲田は遠い

蒲田周辺の住民で都内中心部で働く人にとって京浜東北線は生命線ともいえるだろう

# 外国人観光客を誘致しているけど、まだ少ない

## 外国人も素通り　存在すら抹消？

国際空港としての地位は、成田に譲ったとはいえ、いまだ日本国内のハブ空港としての羽田空港の重要性は高い。羽田〜成田間には鉄道をはじめ様々な交通機関が存在しているのはその証左といえるだろう。

だが、その羽田空港を擁する大田区の地位は、といえば、ほぼ無関係な扱いなのだ。

常に超厳戒態勢の成田空港ですら、空港外から徒歩で中に入る道が存在している（キャビンアテンダントとかがよく利用している）というのに、羽田は無理。

本書を書くにあたって、どこかに徒歩で入ることの出来るルートがあるので

はないかと探したのだけれども、ダメだった。

いかに羽田空港が大田区を相手にしていないかを体感したいなら、羽田空港～蒲田駅前間を走るバスに乗ってみるといいだろう。まず、このバスは単なる路線バスである。空港のバス乗り場には様々なバスが停まっているのだが、蒲田駅前行きだけは見るからにショボイ車体。そして、空港を出発すれば途中に続くのは延々と荒野のみ。

鉄道も単に通過するだけ。

モノレールに至っては浜松町駅発着と、大田区の存在は完全無視である。

このように大田区は羽田空港を抱える土地でありながら、その恩恵にあずかることがまったくできていないのである。もらっているものがあるとすれば、騒音くらいか。

## 外国人も少ない超日本人の町

というわけで「東京国際空港」を抱える大田区が、どれだけ国際的な地域なのかを調べてみた。

まず、最新のデータとなる2016年3月の外国人登録者数を見てみると大田区の外国人数は2万368人。これだけだと、かなり多くの外国人が住んでいるような気分になってくる。だが、実際のところ大田区を歩いていても

「あ、外国の人だ！」

と思うのは、カレー屋のインド人（もちろん、その実体はパキスタン人かバングラデシュ人、あるいはスリランカ人かもしれない、念のため）くらい。これはある意味数字のマジック。大田区は、外国人も多いけど日本人だってたくさん住んでいる。

そこで、同じく2016年1月時点での住民基本台帳に登録された人口における外国人の比率を計算してみた。

すると、大田区の人口における外国人の比率は2・84％に過ぎなかった。この比率は23区の中では下から数えて4番目である。

外国人数トップの新宿区は11・55％。新宿区は100人が集まればうち11人が外国人なのに対して、大田区は100人のうちたった2人。これは大きな

差だ。

せっかく東京国際空港という施設を持ちながらも、大田区が一切の恩恵からハブられていることを示す数値のようにも感じられる。

もっとも、大田区には、外国人の働き手を必要とする飲食店もなければ、港区のように在外公館があるわけでもなし。外国人にしても、住んでもなにもメリットがない町として認識されているともいえるのではないだろうか。

## なぜ多いのか？　フィリピン人

さて、世界には約170もの国と地域があるわけで、外国人といっても様々である。欧米系もいれば、アジア系もいる。インド人も、ポリネシア人も、西アフリカ人もいる。

それでは、大田区ではどこの国の人々が多いのか？

イメージだけで捉えると、東京でもっとも多いのは韓国・朝鮮人だと思うだろう。

ところが、東京全体を見回しても韓国・朝鮮人の数が外国人数のうちのトップなのは新宿区（1万142人）と足立区（7784人）くらいなのだ。

実は、ほとんどの区では、中国人がトップなのだ。大田区もその例に漏れず、やはり中国人の数がもっとも多く7965人、続いて韓国・朝鮮人の3713人となる。

このように、国別で分類していく中で、新たな事実も判明した。それは、大田区にはなぜかフィリピン人がやたらと住んでいることだ。そもそもフィリピン人も23区全体にわたって中国人、韓国・朝鮮人に次いでたくさん暮らしている人々なのだが、なぜか大田区では数が多い。足立区、江戸川区に次いで2257人と、かなりの数が住んでいることになっている。

確かに蒲田では、フィリピン・パブが栄えている。

キャバクラに人生をかけている筆者の友人によれば、

「キャバクラで日本人のバカ女に金を払うより、気分よく飲める」

と絶賛である。ちなみに彼は、お店の女の子の誕生パーティーに呼ばれて、そのパワフルさに圧倒されながらも、さらにディープにハマっている最中のようだが……。

ただ、2千人以上も住んでいれば南国ムードにあふれたフィリピン人向けの飲食店とか、食材店が存在してもおかしくなさそうだけど、それほど数はない。

でも、なぜか大田区はフィリピン人を引きつける。

推測だが、きっと大田区の、特に京浜東北線よりも東側のゴミゴミとした地域が、東南アジア的な亜熱帯の混沌と相通じるところがあり、故郷を思い出させるからに違いない。きっとフィリピンの人々にとって大田区は第二の故郷なんだよ、きっと。

うーん、そう考えると京急線沿線の風景が急に、マニラのスモーキーマウンテンのように見えてきたぞ。

## 総人口における外国人の比率

| 区名 | 総人口 | 外国人 | 人口比 |
|---|---|---|---|
| 世田谷区 | 883,289 | 16,883 | 1.91% |
| 練馬区 | 719,109 | 14,662 | 2.04% |
| 杉並区 | 553,288 | 12,798 | 2.31% |
| 大田区 | 712,057 | 20,204 | 2.84% |
| 目黒区 | 271,469 | 7,775 | 2.86% |
| 品川区 | 378,123 | 11,020 | 2.91% |
| 葛飾区 | 452,789 | 16,545 | 3.65% |
| 板橋区 | 550,758 | 20,147 | 3.66% |
| 足立区 | 678,623 | 25,541 | 3.76% |
| 中央区 | 142,995 | 5,547 | 3.88% |
| 文京区 | 210,312 | 8,333 | 3.96% |
| 墨田区 | 261,723 | 10,673 | 4.08% |
| 江戸川区 | 686,387 | 28,113 | 4.10% |
| 中野区 | 321,734 | 13,872 | 4.31% |
| 渋谷区 | 219,898 | 9,507 | 4.32% |
| 千代田区 | 58,576 | 2,554 | 4.36% |
| 江東区 | 501,501 | 24,329 | 4.85% |
| 北区 | 341,252 | 17,609 | 5.16% |
| 台東区 | 191,749 | 14,034 | 7.32% |
| 港区 | 243,977 | 18,486 | 7.58% |
| 荒川区 | 211,271 | 16,885 | 7.99% |
| 豊島区 | 280,639 | 24,540 | 8.74% |
| 新宿区 | 334,193 | 38,585 | 11.55% |

※2016年1月現在

羽田空港遠景。成田が開港してからは国内線中心となったが、成田が手狭になった分、重要度がアップ

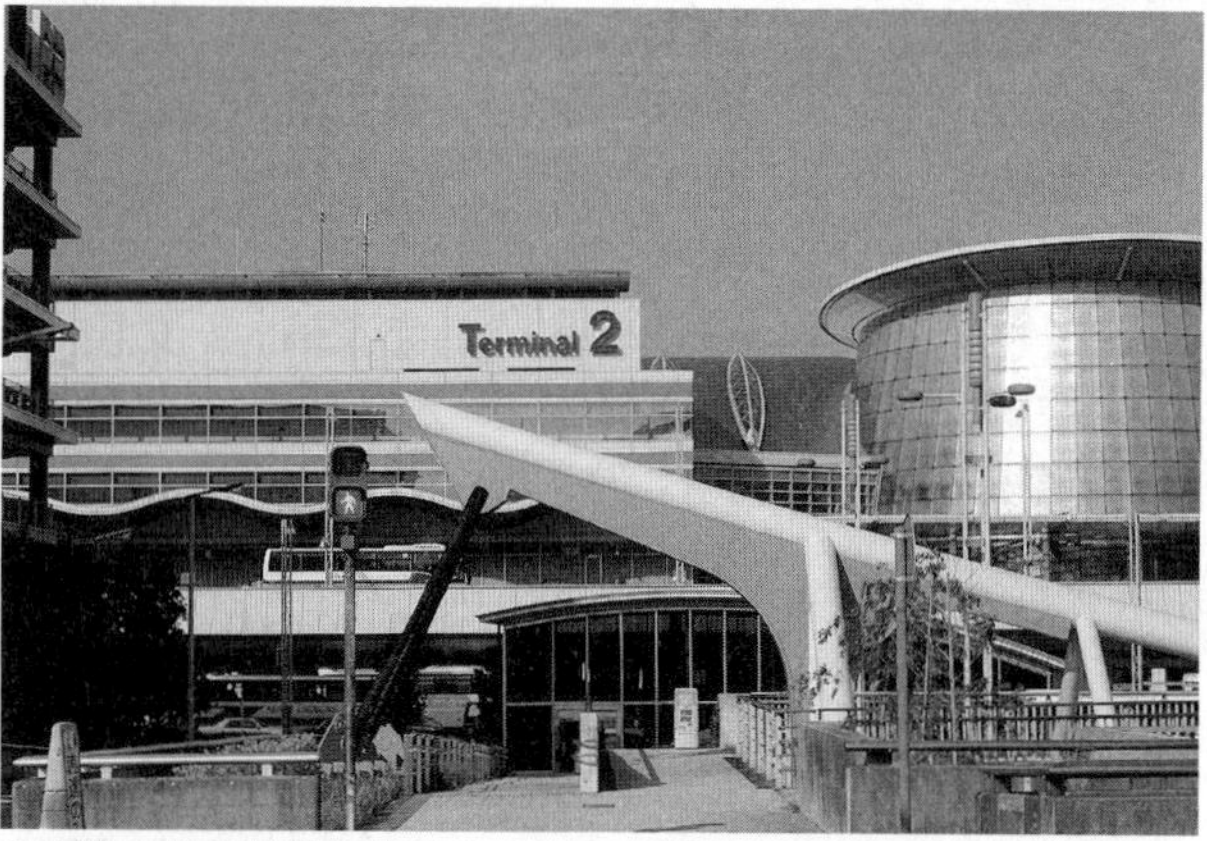


滑走路の拡張整備も終わって、新たな国際的玄関口になった羽田空港。すぐ都心にいけるから超便利だよ

# 病院は多い！　けどえらく使い勝手が悪いのはなぜ？

## 病院の数は多いが医者の質は様々？

人口の多い大田区。当然だが、人口に比例して医者の数も多い。なにしろ開業医にしてみれば、客（患者）は多ければ多いほど儲かるわけだから当然だ。さて、大田区では最近は病院も名所になっている。ギリギリ大田区な大岡山にある東急病院がそれ。この病院、東急線大岡山駅の駅ビルになる形で入居しているのだ。駅ビルが病院になっているのは世界初の試みだとかで人気のスポット……いや、病気でもしない限りは用がないわけだけど。取材中、午前のラッシュ直後の目黒線に乗っていたら年寄りが、ぞろぞろと降りていったけど、多分病院へ行く人々なのだろう。少なくとも年寄りに関しては人気スポットになっているのかもしれない。

この東急病院よりも、名所扱いされている病院が東邦大学付属の東邦大学医療センター大森病院。ここは、東京都の城南地区のみならず川崎市をもカバーする最終医療機関。「東京都指定三次救急医療機関」とか「東京都災害拠点病院」とか様々な肩書きがついているけど、要はほかの病院では手の施しようのない場合に、患者を搬送する先である。東京都自体が、救急車が到着してから搬送までの平均が43分という、全国でもワーストクラスの地域。既に首都圏の救急医療は崩壊しているとも囁かれる中で、こうした病院があることは有り難いことこの上ない。

こうした名の知られている病院のみならず、大田区には大規模な病院が多い。東京都の統計では、大田区には患者収容数20名以上の規模の病院が29存在する。これは、足立区の51、板橋区の41に次いで23区中第3位の規模となる。なるほど、これならばいつ病気や怪我になっても、一安心。だが、事実はそんなには甘くなかった……。

## けっこうヤバイ！　人口あたりの病院数

　ところが、区の人口を病院の数で割って1病院あたりの住民数を数えてみると、酷い結果になってしまった。大田区では、1病院あたり約2万4569人。もっとも1病院あたりの数が少ないのは千代田区で、区内には15の病院があり1病院あたり約3913人となる。千代田区では、三井記念病院や東京逓信病院やら御茶ノ水一帯の病院集中地域があるから、こんな数値になってしまうのは仕方ないので除外して見てみよう。

　ほかの区と比べてみると、足立区は病院数51で、1病院あたりの住民数は約1万3313人。ううむ、足立区にまで、随分と差をつけられてしまう大田区の医療事情が少々、心配になってしまう。

　じゃあ、大田区の数値が高いか低いかといえば中程度。杉並区なんて、ずいぶんと市民サービスが充実しているイメージの地域にもかかわらず、大田区よりも状況は悪く病院数は17、1病院あたり約3万2555人という有り様だ。

　ぶっちゃけ、既に様々報道されているように病院、特に救急系の医療は東京全体で酷い有り様なのだ。この問題は、病院というハコの有無の問題ではなく、救急医療をやりたがる医師が減少しているとか、様々な問題が絡んでいるわけで、一朝一夕に解決する問題ではない。大田区もとりあえず、もしもの時には設備も充実した大学病院に運んでもらえる可能性が高い、ということで安心するしかないのではないだろうか。ほら、足立区なんて大学病院皆無なんだしさ。

## 大田区民は病院にやたら詳しい？

いくら救急病院が充実していても、普段から大病を患っている人はそんなにいないはず。そう考えるとどれだけ大病院が揃っていても「なにかしら病気になった時に便利」とは言い難いだろう。

そこで、幾人かの大田区民（主に20〜30代の独身男女）に「普段、風邪とか軽い病気になったらどうする？」と聞いてみた。すると、多くの人が「家の近所よりも、会社の近くの医院にいくほうが多い」と答えるではないか。なぜだろうと、理由を聞いてみたら「どうも、近所の医者は信用できなくて…」と答える人が多かった。古くからの町の多い大田区、設備などを見ても都心部の病院に比べると見劣りする感が多いのだとか。開業医だと、2代目、3代目が後を継いでいる病院も多いのだけれど、老人たちも「大先生は、ちょっとボケちゃって。若先生のいる時間を狙っていく」とか、意外としたたか。いや、風邪で熱がある時とかに、そこまで計算できるのは、ある意味素晴らしいような気も。どうも、軽い風邪の時、インフルエンザの予防接種、花粉症程度にしか利用されていないような大田区の町医者。しかし、そこまで、信用していない大田区の住民にもちょっと問題があるのではなかろうかと、思ってしまう。

東邦大学こそ大田区の医療の要。女医さんもキレイというウワサ

正式名称は東京都保健医療公社荏原病院。24時間365日受け入れの救急医療を積極的に推進する第二次救急病院。脳血管疾患医療と集学的がん医療を重点医療とする

大田区コラム 2

# 海に面しているのに漁港がない

江戸時代からの名産品「浅草海苔」。当然ながら、浅草には海がない。江戸時代以前はともかく、浅草の地から既に海は遠くなっていた。「浅草海苔」の名称の由来は、門前町の浅草で海苔を手広く販売していたからであって、浅草が海苔の産地だったわけではない。

では、浅草海苔の原産地はどこだったのだろうか？　現在の大田区沿岸である。このことは、かなり広く知られているが、海苔に限らず沿岸地域では江戸時代からサワラの刺網漁など、様々な漁で栄えていた。

そんな漁師町も、明治時代に入ると紛争を繰り広げながら発展していく。明治初頭、東京湾内の漁は激しい混乱の時代だった。沿岸地域の漁師村は幕府の定めによって、漁を行ってよい範囲が定められていたのだが、明治維新と共に漁師たちが「幕府の取り決めは反故になった」と勝手に解釈して、互いに縄張

かつての漁村地帯もその名残はほとんどない。わずかに天空橋駅一帯に数軒の釣り船宿が残っている

りを侵犯しあったのである。こうした混乱は、1875(明治8)年に明治政府が、旧習に基づいて海面の利用範囲を定めるまで数年に渡って続いた。そうした混乱を経ながらも、沿岸の漁業は海苔養殖を中心に発展していくことになる。

新時代の到来と共に、いち早く海苔養殖事業を拡大し、財を築いたのは、当時の大森村だった。大森村は、明治維新の直後に5000両という献金を行い「官軍場」という広大な養殖場を確保していた。

この大森村の動きを見て、隣接する羽田村、糀谷村なども続々と海苔養殖事業に参入する。海苔養殖は、現金収入を得られる魅力的な仕事だったため、貧しい海辺の漁村は次々と飛びついていった。

ところが、明治維新と共にいち早く政府公認の海苔養殖事業の場を得た大森村と、後発の羽田村には大きな気風の違いがあったといわれる。当時の大森村は周囲から「第一ノ富村」と呼ばれ「労働ハ他村ニ超絶」すると言われていた。すなわち、海苔養殖を村全体の一大事業と考えて、勤勉に取り組んでいたのである。これに対して、周囲の村は明治18年に東京府知事が「農民ト違イ貯蓄ヲ心ガケルモノナシ」と記したごとく、どうやら勤勉さに欠けていたらしい。おまけに当時、東京湾沿岸の漁村では機械網を用いる漁が始まったことで、羽田の村では普段の漁でも漁獲高が激しく落ち込んでいた。

それでも、貯蓄に励むことなく、不幸なことがあれば村内の相互扶助を頼りにしていたというから、勤勉さを疑われても仕方がない。この東京府知事の残した文献には、この気風を江戸時代中期以降に移住してきた者が多かった大森村に比べて羽田の村は元禄年間の検知以前から住んでいる古い住民が多く、誰もが家柄を誇りにしていたことが記録されている。

つまり、単に昔から住み続けていることだけを誇りにした不遜な態度が時代の変化に伴う改革精神を妨げ、結果的に貧富の差を拡大させていくことになったのである。こうして、明治時代を通じて大森村が海苔養殖を基盤として大いに栄える一方で羽田の村は、貧しいままの漁村として続いていくことになる。こうして拡大を続けていった貧富の差は、現在まで影響しているといっても過言ではない。

さて、明治以降、東京の発展にともない京浜工業地帯が拡大を続けていく中で、漁業が縮小を迫られていくことになる。1927(昭和2)年、内務省が京浜運河の開削と埋立地の造成計画を決めると大森町と羽田町を中心に激しい反対運動が起こる。なにしろ、海苔養殖場は3分の2が消滅。海岸では一家総出で魚介類を採取するのが当たり前に行われていたが、埋立地などできては、それもなくなってしまう。当時の記録によれば、銭湯でも床屋でも「どうするか」の話題で持ちきり。神社仏閣に詰めかけて祈願する者も多かったという。1928年には、埋立地に反対する若者が天皇に直訴しようと赤坂離宮に侵入し逮捕されるという騒ぎも起きている。当時、この直訴騒ぎの効果は、大きかったようで、埋立地、運河の開削計画は共に7年余りにわたって空白期を迎える。

だが、戦争の足音が近づいてくると計画は再開。時局は強力な反対運動を行うことを妨げ、漁民たちは反対運動から、補償を求める条件闘争へと切り替えを余儀なくされていく。

こうして1939年には、補償交渉も完了し埋立地の造成と京浜運河の開削が始められるが、太平洋戦争が始まると1943年には、労働力と資材の不足から工事は打ち切られてしまう。こうして、敗戦後まで羽田近辺の海岸は、豊かな漁場も失われ工事も中止された、荒れた姿を晒すことになったのである。工事が再開されたのは、ようやく昭和30年代に入ってからであり、工事の再開と共にやってきた経済成長によって、さらに埋立地の拡張の必要性が高まり、やがて大田区での漁業は終焉を迎えることになる。

さて、羽田の村はその後も不幸な歴史が続いている。やがて、羽田の沖には東京飛行場が建設されることになるが、1945年敗戦と共に進駐軍がやってくると飛行場の傍にあった羽田鈴木町、羽田穴守町、羽田江戸見町の漁師町の約1200世帯3000人の住民に48時間以内の強制退去が命令された。この時、町の中にあった穴守稲荷神社の鳥居が、撤去しようとして死者が出たとか祟りのある鳥居なわけだが、いずれにせよ飛行場周辺の広大な町は一晩にして消滅を余儀なくされた。現在、京急空港線天空橋駅の近くに移設された鳥居の傍には、旧住民によるかつての町の様子を示す地図などが設置されているが、今では立ち寄る人も少ない。

羽田近辺の海岸を歩いていると、そこには明るさはない。それは河口付近の高い堤防や、空港周囲の広大な空き地がもたらす感覚だけではないだろう。人の住まう土地には、そこには代々、どのような人々が住み、暮らしを営んできたかが、なにかの形で染みついている。勤勉さの欠けた貧しい生活の記録、その後の漁業を奪われ、土地を追われた歴史。そうした様々な怨念が、この土地には染みついているのではないかと、思えてならない。

# 第3章
# 見るからにフツーなのに実はおかしい中央部

# 1LDK○万円！便利な土地で家賃の安い鵜の木

## 乗り換え不便で家賃が安くなる

目蒲線が廃止されて以来、切り捨てられた感が満点の多摩川線沿線。乗り換えが一回増えるわけだから、どう見ても不便になったとしか思えない。ただ、2000年の路線分割から、10年を軽く越えた。そろそろ、住民たちは多摩川駅で乗り換える生活に慣れてきている。実際、増えた手間は階段の上り下り程度でそれほど時間は掛からない。電車は頻繁に行き来しているから待たされている感覚も少ないし、ラッシュ時でもターミナル駅のような混雑はない。

むしろ、多摩川線の開通と共に東京メトロ南北線、都営地下鉄三田線との相互直通運転が行われるようになったことで、都心はおろか遠く埼玉県まで一本の電車で繋がったわけで、利便性は高まったといえるだろう。でも、こうした事情を知らない人は多い。どれでもいいから東急線に乗って電車内に掲示されている各線の路線図を見てみると、多摩川線は世田谷線と並んで都心のターミナル駅から隔絶された存在に見える。それゆえ、知らない人にとっては、もはや東京23区とは思えないローカルな僻地だと思われているのである（そもそも、沿線に観光名所もショッピングモールもないから来る人はいない）。

ローカルな僻地であることは、たぶん間違いない。どの駅に降りてもこじんまりした街ばかり。多摩川の対岸を走るＪＲ南武線（こちらも、首都圏とは思えないローカルさである）沿線の街並みと、さほど大差はない。向こうは神奈川県、こちらは東京23区と街の格では雲泥の差があるにもかかわらず、である（「23区だからって、いばるな！」と神奈川県民に怒られそうだが、最近暴落の著しいマンションの価格なんて23区か否かで如実に差が表れていることが不動産業界では常識だ）。

そんなローカルな沿線の中でも、特に家賃の安さが際だっているのが鵜の木駅周辺。この駅は、基本的にローカルな多摩川線沿線がガラリと風景を変える境界線。ここより多摩川駅寄りの街は、どことなくお高く止まった感じ。逆に蒲田寄りはどんどんプロレタリアートの香りを放ち始めていく。

## 可もなく不可もなく魅力がないから安い

そんな中間に立つ鵜の木駅だが、駅周辺は極めて便利。ちゃんとスーパーもあるし、商店街もシャッター通りにならずに機能している（商店街が賑やかなのは、多摩川線沿線の特徴のひとつ）。ちょっと歩けば多摩川にも歩いて行けるし、住環境は抜群。治安もさほど悪くはない。

なのに、家賃は大田区の中でも格段に安い。とりあえず普通に住める1K物件をみると、もっとも安い物件は鵜の木の1K5万円。池上線の池上駅に鵜の木よりも1000円だけ安い物件があったが、これは例外である（14平方メートルって、どんな小さい人が住むんだ？）。

また、あまり高級な物件がないのも鵜の木の特徴だ。鵜の木同様に最低価格も安い池上には、ちらほらと高そうなマンションが姿を現し始めているけれど、鵜の木には、そうした気配がまったく感じられない。

なにより、スーパーと小規模な商店街で構成された街の雰囲気は、静かで落ち着いている。女性のひとり暮らしで、便利だから蒲田あたりで部屋を探そうとすると、ほとんどの不動産屋は「このへんは、ぶっそうだから」と多摩川線の武蔵新田〜鵜の木あたりで探すことを勧めるそうだ。だって、京急蒲田駅周辺だと、鵜の木あたりに比べて家賃が1万円程度アップするわけだ。

確かに、品川駅周辺とか、都営浅草線沿線に勤務するには便利かもしれないけれど、街の雰囲気はといえば「危険な香り」という言葉がよく似合う。商店街のうらぶれ具合なんて、仕事でミスをやらかした日には、おもわず付近を流れる呑川に身投げをしてしまいたくなるようなオーラを発していると、言い切ってもよい。

同じ大田区、どちらも山の手か下町かで分類するなら下町の側に分類されるはずなのに、ここまで差があるとはスゴイ！

## マイナーだけど交通の便はよい

乗り換えは不便そうにみえるし、大田区でしかも多摩川線と、ローカルでネガティブなイメージゆえに、家賃が安いという恩恵を最大限に受けている鵜の木。こうやって書いていくと、魅力は家賃の安さだけのように感じられるかも知れないけど、そうではない。実は、乗り換えの手間を考えても都心のどこにもアクセス抜群なのである。

品川駅や、田町駅には京浜東北線に乗り換えても30分以下。渋谷にも東横線に乗り換えても30分以下。

都心の南側の3分の1くらいは30分以下の圏内に入っている。また、新宿にも渋谷経由でたった34分しかかからない。池袋にもわずか42分で到達できる。自宅から駅までと、駅から会社までをそれぞれ10分プラスしてみても、都心部の大半は通勤時間、約1時間の圏内に収まるのである。

このように交通は極めて便利な鵜の木。やっぱり、どんなにローカルに見えても東京23区の中は便利な地域であることを証明しているといえるだろう。

## 鵜の木発→盛り場着・所要時間

| 鵜の木（東急多摩川線）発 | | |
|---|---|---|
| └→7分　蒲田（東急多摩川線） | | |
| | └→22分　大井町（JR京浜東北線） | |
| | | └→35分　東京テレポート(りんかい線) |
| | └→23分　品川（JR京浜東北線） | |
| | └→24分　田町（JR京浜東北線） | |
| | └→30分　有楽町（JR京浜東北線） | |
| | └→32分　東京（JR京浜東北線） | |
| | └→34分　新橋（JR京浜東北線） | |
| | └→37分　五反田（東急池上線） | |
| | └→37分　秋葉原（JR京浜東北線） | |
| | | └→79分　幕張（JR総武線） |
| | └→39分　上野（JR京浜東北線） | |
| └→4分　多摩川（東急多摩川線） | | |
| | └→22分　渋谷（東急東横線） | |
| | | └→29分　原宿（JR山手線） |
| | | └→30分　青山一丁目(東京メトロ銀座線) |
| | | └→34分　新宿（JR山手線） |
| | | └→42分　池袋（JR山手線） |
| | └→29分　六本木（東京メトロ日比谷線） | |
| | └→40分　銀座（東京メトロ日比谷線） | |

ekitan「乗り換え案内」(http://ekitan.com/) 参照
所要時間は乗り換え時間を含む概算。
乗車時間、季節ダイヤによって差異がある

鵜の木の不動産屋。家賃ヒトケタ台の物件についつい目が行ってしまう。けっこう借り得かもね

鵜の木ならそれなりのマンションだって安く借りられる。見晴らしも良くアクセスもいいし、いうことなし

# 安くてうまい商店街！スーパーも充実の長原・下丸子

## 路線も地味で街も地味　一見、魅力はないけど

大岡山のようにオシャレで高級な雰囲気が漂う街が連なる東横線と目黒線。それに比べて池上線や多摩川線は見るからに地味である。

割合マシな言い方をするならば、どの街も普段着の街という呼び名がよく似合う。駅周辺にスーパーを核として、くたびれ過ぎていない、地味だけど、それなりな商店街が広がって、生活に必要な品物が一通り揃う街である。

ディスカウント系の酒屋もあるし、家で食事を作るのが面倒なときはプロレタリアート臭のしない、きちんとしたレストランや食堂の類もある。一方、昔ながらの魚屋や八百屋も健在だ。街の空気は、大田区にありがちな町工場の広

がる油臭い感じもない。非常に均質化された住民が住む街というイメージだ。もちろん、池上線も多摩川線も沿線の街のすべてが、均質化されているということではない。なにやら金持ちの側に偏っているところもあれば、逆に駅を一歩降りた途端に焼き鳥の香りを存分に味あわせてくれるブルーカラーな街もある。

そうした中で、比較的、両線のイメージにぴったりの街といえば、池上線なら長原。多摩川線ならば、下丸子である。

## 下町と金持ち地帯が混在する長原周辺

長原は非常に地味な街である。住所は大田区上池台。○○台という地名はなにやら郊外にありがちな、新興住宅地をイメージさせるが、実際に行ってみると、その予感は裏切られないだろう。

近年は、マンションの建設が進んでおり、商店街に面してマンションが建設される時には、周囲の商店が熱烈な反対運動を起こすという、これまた最近の住宅地にありがちな事件も起きている（ちなみに、そのマンションが建っているところは、元はかなり老舗の文房具屋兼オモチャ屋で、キャラクター商品のデッドストックを大量に抱えていたことから、閉店間際には「お宝」狙いのマニアが行列をつくるという微妙な光景が目撃された）。

住民の抵抗も空しく、駅周辺にはマンションが増加しつつあるが、実のところ池上線はこの長原駅を境にガラリと風景を変える。

北側（五反田方面）は、昔ながらの下町。一方、南側は長い塀の家が目立つ高級住宅地となる。すぐ傍が品川区との境界になる長原の街は、まさに金持ちと貧乏人の境界線。その効果によって、見た目は閑静な住宅地なのに、なぜか商店は下町風という奇妙なランドスケープが生まれているのである。

この街の風景の変貌ぶりは、ある意味、貴重。商店街は、東京にありがちな車一台がようやく通過できるような狭い道なのだが、商店街を外れて線路沿い（といっても地下なので見えない）を洗足池駅方面に向かうと、突然道幅が広くなってくる。

場所によっては二車線道路も当たり前。それなのに交通量はそんなに多くない。この唐突な変化を体験するための、もっとも効果的な方法は、五反田方面の隣駅・旗の台駅から線路沿いに歩いてみることだ。

旗の台駅は、池上線ののどかさを象徴するような下町だ。90年代後半まで、大雨が降ると冠水する場所があったくらいだから、都市計画は皆無に等しい。線路沿いに歩いていくと、道路はどこもかしこも一方通行。江戸時代から道幅を広げたことがないのではないかと思う程、狭い道が続く。田舎から上京して来た人が驚く定番ネタのひとつに、東京人の車庫入れ技術の高さがあるが、それも当たり前に見ることができる。

この風景は環七を越えても（品川区と大田区の境界線は環七あたりで入り組んでいる）、長原商店街までずっと同じ。それが、突然、道が広がり空まで広く見えてくるのだ。山の手と下町が絶妙にバランスを取る長原駅一帯。ここはまさに偶然が生んだ都市の芸術である。

## 大企業の城下町とは思えない街

下丸子も同じく、奇妙な街だ。大企業・キヤノン本社に加えて、クリーニング業界の超大手・白洋舎も本社工場を構える街なのに、まったくそれらをイメージさせるものがない。どちらの会社も駅からちょっと離れたガス橋通りと呼ばれる並木道沿いに巨大な社屋を構えているのだが、なぜか下丸子の街には両社関係者目当ての店がほとんど見あたらないのだ。その辺は不明だが、せいぜい、弁当屋とコンビニ程度である。社員食堂が素晴らしすぎて、外には出ないということなのだろうか？

この街でもうひとつ奇妙なのが、名古屋ではメジャーな喫茶店チェーン「コメダ珈琲」が店を構えていること。東京23区内出店の第一号なのだが、なぜ、この街が選ばれたのかわからない。とはいえモーニングのトースト無料サービスを目当てに家族総出でやってくる客で土日は行列状態。みんな、そんなにトーストが食いたいのか⁉

このように、「どことなく世間の標準からズレている」という大田区の特徴を深く感じさせるふたつの街。古くからの商店街がスーパーと絶妙に共存していたりもする。両方の街で物価を調査してみたが、やはり物価は安い。しかし、安いだけではない。長原や下丸子ではスーパーのチラシに、やる気が感じられるのだ。

様々なスーパーのチラシを調べてみたが、田園調布など大田区でも高級住宅地と呼ばれるあたりのスーパーでは、チラシにやる気が感じられない。どことなく「ほかに店がないから、放っておいても客は来る」意識を持っていると思われる。

それに対して、長原や下丸子では客を呼ぶために、頑張っている。

商店街が根強く生き残っている以上、単に安く売るだけでは客を獲得することができないと踏んでいるのだろう。そのため深夜営業、24時間営業とサービス合戦が次第に強化されている。雰囲気は高級住宅地、物価は下町。住めばずいぶんとお得な街であることは間違いない。

東急池上線長原駅。都会のローカル線とは言うけれど、長原駅はそれなりにこざっぱりした駅でした

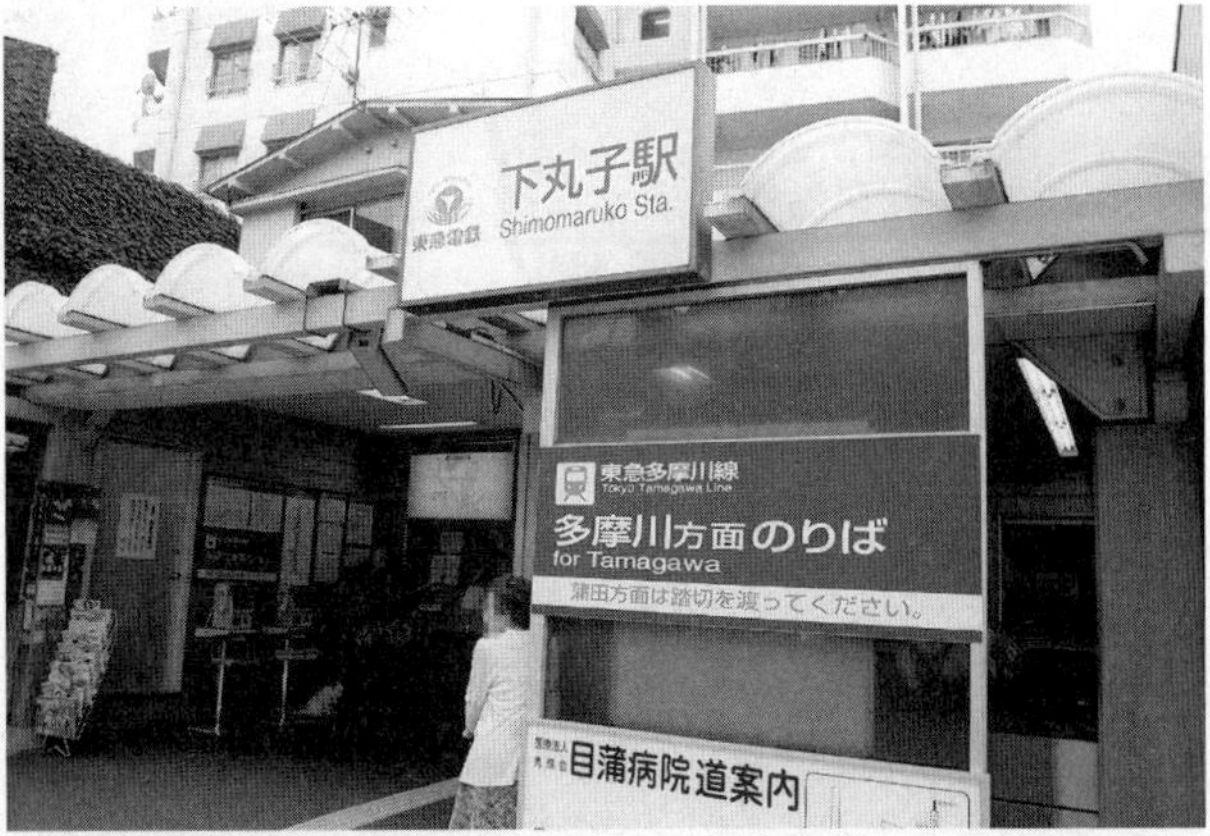


東急多摩川線下丸子駅。世界のキヤノンの城下町とは思えないひなびた雰囲気が漂う

長原商店街。今ひとつ活気に乏しい気がするが、しっかり地元に根付いている。物価も安いぞ

こちらは下丸子商店街。奥に見える「さわやか信用金庫」のネーミングに思わず脱力。さわやかって……

# 野球にゴルフにサイクリング 海釣りも近所でOK!!

## 朝から必死に運動　止まると死ぬのか？

早朝の午前5時。自転車で走っていると、土手にはウォーキングのジジババがいっぱい。おそらく決意を固めてスポーツ用品店で買ったであろう素敵なジャージ姿で、腕を振りながら必死に土手道を歩いている。単に歩くだけではつまらないのか、イヤホンでラジオを聞きながら歩いている人も目立つ。中には、なぜかラジオを腰にぶら下げてスピーカーで聞いてる人もいて、朝の爽やかな気分を台無しにしてくれている……。そうしたジジババの間を、これ見よがしに、ピッチピッチのランニングパンツで走り抜けていくオッサン。ここのところ、エコブームの影響で、高級自転車にまたがり、やはりピッチピチのサイクルウェアで走っている人も多い。それにしても、自転車で走ってる人は、みるからに日に焼けたスポーツマンタイプと、パーツに金ばかりかけて自転車が美術品化しているオタク的風貌&体型の両極端が混在しているのはなぜなんだろうか？（ちなみに東京都自転車商協同組合所属の自転車店の数は117店舗と23区内で堂々の2位。100店舗以上あるのは足立区、大田区、練馬区の3区のみ。安価な中国製ママチャリが量販店の人気商品になっていることを考えると大健闘といっていいだろう）。

とにかく、朝の多摩川河川敷にでかけてみれば「世の中には、ずいぶんと早起きしてウォーキングしたりランニングする人が、たくさんいるものだ」と実感できるだろう。

## 野球と釣りがホントに好きなんだ⁉

大田区内の多摩川河川敷は、ほとんどがスポーツ用に整備されている。しかも、その多くは野球用のグラウンドである。

ゴルフの練習場もあることはあるけれど、ほとんどすべてが野球のグラウンドと言い切っても過言ではないだろう。それこそ、休日に土手沿いを自転車で走っていると、上流から下流まですべての野球グランドが使用中なのだ。

「いったい、世の中にはいくつ野球チームがあるのだろうか」

という疑問も湧いてくる。少年野球、軟式野球、草野球……。グラウンドの周辺には熱心に野球を観戦しているオッサンたちの姿も多い。少年野球の親たちならまだ理解できるが、わざわざ休日に草野球を観戦しているオッサンたち。いったい彼らはどんな人生をおくってきたのだろうか。余計なお世話ながら、とても気になってしまうのだ。

また、大田区は釣りにも便利な地域。数年前までは、上池台の住宅地のど真ん中にも釣り堀があり、近隣住民が平日から糸を垂れていた。ここは現在は、公園に改装されてしまい、工事の時に水を抜いてしまったため、ヘラブナが死に絶えてしまったためか、釣り糸を垂れる人の姿はない。フナに始まり、フナに終わるといわれる釣り道楽だけに、残念な話ではある。ともあれ、わざわざ釣り堀に行かなくても釣りスポットは無数にあるのが大田区。多摩川の河川敷では、どこでも釣りができる。多摩川はバスや鯉釣りを楽しむことができるため遠くからも足を運ぶ愛好家が多いそうだ。もちろん海沿いの公園は、どこでも釣りが可能なスポットが存在する。

## ビーチバレーまでできる大田区

このように大田区には、手軽に身体を動かして楽しむことのできる施設がかなり充実している。野球を楽しむにしても、ほとんどの区では野球専用グラウンドは限られた数しかないものだが、大田区は「捨てる程ある」と表現しても差し支えないほどだ。先述のように、その無数の野球グラウンドが休日にはすべて満杯、大田区民はいったいどれだけ、野球好きなんだろうか。野球場に関していえば、本格的な設備を持つ大田スタジアム（ちゃんとした野球場なのに、区内チームの休日使用料は1面2時間あたり1万円、安い！）を筆頭に9面。さらに少年野球専門の球場が6面と計15面の野球場を所有している。一応、ほかの区と比べてみようと日本野球発祥の地である杉並区のデータを調べてみたところ、13面くらい。くらい、というのは杉並区の場合は野球専用のコートは、ほとんどなく野球にもテニスにもサッカーにも使える兼用の広場がほとんどだから。

いずれにせよ、多摩川河川敷を中心に設備が、やたらと充実していることでスポーツに親しんでいる人が多いのは確かだ。野球以外に目を転じると、大田区は、専用のサッカー場とフットサルコートも4面、さらにテニスコートも6面所有している。

ほかにもキャンプ場が2カ所あったりもする。たしかに面積が23区中の第1位の広さということもあるけれど、土地の狭い東京都内で、ここまで土地を湯水のように使っているのは大田区だけだろう。

大田スタジアム。ヤクルト・スワローズの二軍が公式戦に使うくらいだから設備はプロ級なのだ

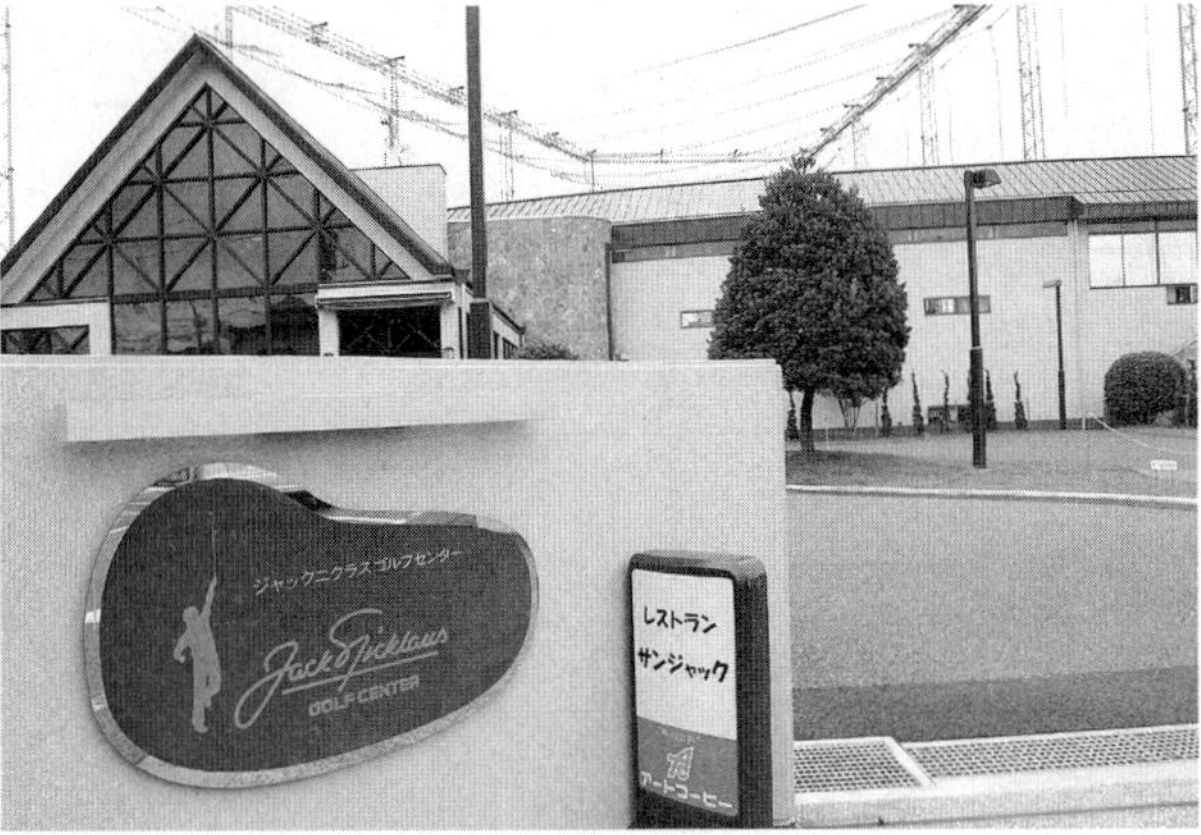


ジャック・ニクラウスの名前を冠したゴルフセンター。別にニクラウスがコーチしてくれるわけではない

# 警察署がやたらと多い！サイレンの音が響かない街大田

## 大田区は危ないといわれるけど…

大田区は、危険な土地だと思われているらしい。特に蒲田あたりに住んでいる人は、いかに自分たちの住んでいる地域で犯罪が多いかを強調する。かりにも自分が暮らしている街にもかかわらず、である。

とりあえず、大田区にはぱっと見ただけで「ここらはちょっと危険だなぁ」と思うところもある。特に蒲田駅東口の風俗街なんかがそうだ。真っ昼間から、ピンサロの客引きなんかが立っていたりして、危険な香りを放っている。しかし、蒲田は局地的に危険かもしれないが、これを「大田区は危険」と全体化することはできない。新宿区でも、確かに歌舞伎町は昼間でもなお危険な香りが漂っているけど、四谷や神楽坂は交番は留守が当たり前のような極めて平和な街だ。それよりは、しょちゅう職業不詳な人がウロついている高円寺を抱えた杉並区のほうがよっぽど危険に思える。足立区なんて、常に23区ワーストワンの犯罪発生率を誇る街で、この街を訪れる人はまず、現金は靴の中とかに分散させて隠すのが当たり前だろう。果たして、大田区は危険な街なのか、杉並区・足立区と比較しながら調べてみた。

## 杉並区より危ないが足立区よりは平和だ

さて、執筆時点で警視庁が公表している最新のデータは2014年のもの。これによれば、大田区の犯罪認知件数は年間7859件。件数全体でみると、杉並区よりは多く、足立区より多少多いことが見て取れる。

犯罪の種類別に見ていくと、殺人は5件。大田区でも殺人事件にはめったに遭遇しないということだ。日本はまだまだ平和なわけで殺人や強盗のような凶悪犯罪を身近に感じることは、ほとんどないわけだが、これは大田区でも共通していえることだろう。ところが、粗暴犯の類を見てみると、大田区では暴行・傷害が３２７件と杉並区よりも１００件以上多い。暴行・傷害が多いということは、すぐにカッとなって手を上げてしまう人が多いということ。大田区で酒を飲むときなどは言動に注意したほうがよさそうだ。窃盗は乗り物盗も含めて、やはり杉並区より多く足立区よりも多少多い。ただ、大田区は自転車泥棒などの乗り物盗がやたらと多く、「普通の窃盗」は足立区の方が多いので、凶悪度では多少落ちるといったところか。こうやってデータを読み進めていくと大田区と足立区の犯罪傾向は似ているように思えるのだが、知能犯やわいせつ犯罪になると、ちょっと違ってくる。知能犯の件数は大田区が２９８件なのに対して、杉並区が３３３件、足立区は３３０件。大田区では、犯罪の多くは粗暴犯と窃盗（主に自転車泥棒）で占めていて、知能犯は少ないのだが、足立区では知能犯もまんべんなく発生しているのだ。おまけに、公然わいせつは、大田区12件と杉並区の17件、足立区の19件に比べて少ない。数年前まで、大田区の公然わいせつは非常に多く、大田区には露出狂がやたらと住んでいるらしい、というような状況だったのだが。なるほど、ここ10年ほどで大田区は、知能犯と露出狂の撲滅に成功したのだろう。だって2007年のデータでは、公然わいせつも知能犯も足立区より多かったのだ。

## とにかく勝手に入が入ってくる大田区

さらにデータを読み進めていくと、侵入窃盗が266件発生しているのに対して、住居侵入が74件発生している。杉並区では50件、足立区では40件。この住居侵入とは、盗みが目的かどうかはわからないが、とにかく誰かが勝手に人の敷地に入ってきて通報された件数だ。侵入窃盗の件数を比べると、足立区は350件で杉並区は279件。共に大田区より多い。つまり、大田区はワケのわからない不審者が乱入してくることは多いが、泥棒は少ない街になっているのである。

また、住居侵入の通報は、家人が家を空けている際に、近所の人が通報してくれた、というケースも当然含まれていると推測される。これは、地域コミュニティが健全に機能しているということ。そう考えると、大田区は留守中の防犯も近所にまかせ、戸締まりを忘れても「多分隣の人が助けてくれるだろう」と気楽に暮らせるのである。

## やはり蒲田は危険　あらゆる犯罪が集中

さて大田区内の犯罪件数を警察署別に見てみると、やはり蒲田警察署管内が犯罪件数３４１２件とダントツ。実に大田区の犯罪のうち約40％が蒲田警察署管内に集中している。田園調布あたりなんて、金持ちが多いから空き巣に狙われそうな気がするのだけれど、窃盗もまた蒲田のほうが優っている。やっぱり金持ちはガードが固いということだ。セコムとかアルソックとかと契約して、セキュリティもしっかりしているから、空き巣も避けるのだろう。とりあえず、大田区に住むのなら、やっぱり蒲田だけは避けたほうがよさそうだぞ。

田園調布の高級住宅街。泥棒が狙いそうなもんだが、ほとんどの金持ちは警備システムを導入ずみ

防犯システムとは無縁な住宅街。こういうところなら泥棒も安心？でも何を盗むんだというのが大問題

# 学校は多い！　が成績は低迷 先生はのんびり

## 大学もちゃんとある　足立区よりもマシだ

近年、区内に大学が進出してきたことで喜びに沸いている足立区を、大田区民は冷ややかな目で見ているに違いない。大田区にはちゃんと昔から大学があるからだ。大田区には、東邦大学医学部と昭和大学歯学部のふたつの大学が居を構えている。なお、東京工業大学は敷地の半分が大田区なのだが所在地は、目黒区。これじゃなかったら完璧なのだが……。

ともあれ、東京工業大学を無理矢理、大田区にある大学ということにしてしまえば、大田区は大学が３つキャンパスを構えていることになる。中でも東邦大学は、１９２５年に創立された帝国女子医学専門学校を前身とする歴史のある大学、キャンパスは、1980年に製作された大森一樹監督の映画『ヒポクラテスたち』のロケに使われたことでも知られている。創立された1925年頃は、ちょうど東京の街が拡大していく真っ最中、当時の中産階級が大森あたりに一戸建てを求め始めた頃。そうした歴史的背景と付属病院の存在によって、大田区ではもっとも身近な大学になっている。

大正時代から「郊外」として中産階級が移住してきた歴史もあってか大田区には名門と呼ばれる学校がいくつかある。公立では山王小学校が代表格。周囲から越境入学者の多いことで知られている学校だ。ほかには、清明学園初等学校と、文教大学付属小学校が私立小学校の有名どころだ。古くからの住民に話を聞くと、この3校が大田区では名門小学校と認識されているそうだ。また、中学では田園調布中学校、石川台中学校、東調布中学校が、勉強のできる中学校として知られているとのこと。一方、なぜか名門高校と呼ばれるものは見あたらない。どうも、大田区では勉強のできる子供は高校からは区外の学校に通うことが一般的らしい。

さて、大田区にあるのはなにも名門小中学校ばかりではない。糀谷中学校には都内に数カ所設けられている夜間中学があり、様々な理由で義務教育である中学校を卒業していない人々に対応している。このように、大田区の学校を見ると大田区の歴史的背景が浮かび上がってくる。大正期からの東京の郊外への発展にともなう中産階級の移住を背景として存在する「名門」と呼ばれる学校群。もうひとつが、地方やアジア各地から流入した京浜工業地帯の労働力を背景として存在する夜間中学である。ごく身近な地域に、様々な階層がごった煮になっている大田区の姿は、ここからも垣間見ることができるだろう。

## 学力は下位クラス　でも、のんびり

足立区のように、自ら区内の児童生徒の学力のなさを公表し、改革に乗り出しているところもあるが、大田区の学力は、どの程度のものだろうか。東京都が毎年実施している「児童・生徒の学力向上を図るための調査報告書」では、各市区町村の平均正答率を数値ではなくグラフで公表するようになってしまったので、市町村の成績が数字で公表されていた古い資料を参照した（グラフの山の高さから見るにあまり傾向は変わっていないようだが）。さて、これによると、小学校・中学校共に大田区は23区中の15位になっている。小学校と中学校の順位が同一になっているのは、大田区以外では足立区だけ。ほかの区を見てみると中央区は小学校では2位だが中学校は10位。また、台東区は小学校では14位なのに中学校では、20位にランクダウン。杉並区は小学校では7位だが中学校では2位にランクアップしている。

この差が出る理由はなんだろうか。調査が公立学校を対象にしたものであることを考えると、中央区の場合は優秀な子供は私立中学に進学するので公立にはデキの悪い子供だけが残されている結果と類推することもできる。

とすると、江東区が中学校で順位をアップする結果が説明しにくいのだが、近年の高級マンションの増加による富裕層の流入と関連づけて説明できるかもしれない。ちょうど中学生くらいの富裕層の子弟がレベルを押し上げているということである。

こう考えると、小中学校で平均正答率に差の出なかった大田区は小中学校は、ほとんど公立に通うことが当たり前なので知的水準も変化しないと推測できるだろう。ただ、残念なのは低い方で変化がないということだが……。

とはいえ、この表の中で一番ひどいのが品川区だ。小中学校の教育は各区の教育委員会の裁量に任せられており、いくつかの区はやたらと学力向上のための改革に熱心なことで知られている。特に品川区は、杉並区・新宿区と並ぶ改革の筆頭格だ。いち早く、小中学校の学校選択制を開始し、外部評価制度を導入するなど改革には非常に熱心なのだ。それなのに大田区を上回っているとはいえ、あまり順位は高くない。

ちなみに大田区は、教育改革に対する熱心さが、まったく感じられない。品川区や杉並区のサイトを覗いてみると、ブラウザがフリーズしてしまうほど大量のＰＤＦデータがアップロードされているのだが、大田区の教育委員会のサイトは、なんか「とりあえず、プランをつくってみました」という、のんびりした空気感とかなりの温度差。教育業界では、やたらと改革に熱心な区では逆に教師が雑務に追われ子供にふれ合う時間が減り、荒れて行っているという見方が大勢だ。学力は、ちょい低めだけど、どことなく長閑な感じの大田区は子供に取ってみれば幸せなのかもしれない。

## 東京都 23 区学力テスト

| 小学校 | | 中学校 | |
|---|---|---|---|
| 区名 | 平均正答率 | 区名 | 平均正答率 |
| 千代田区 | 66.2 | 千代田区 | 62.9 |
| 中央区 | 65.9 | 杉並区 | 60.6 |
| 文京区 | 65.6 | 目黒区 | 59.7 |
| 目黒区 | 65.5 | 文京区 | 59.3 |
| 港区 | 64.8 | 練馬区 | 58.8 |
| 世田谷区 | 64.5 | 世田谷区 | 58.7 |
| 杉並区 | 64.0 | 港区 | 58.1 |
| 新宿区 | 62.2 | 渋谷区 | 57.8 |
| 渋谷区 | 62.0 | 新宿区 | 57.6 |
| 練馬区 | 61.8 | 中央区 | 57.6 |
| 中野区 | 61.6 | 豊島区 | 57.6 |
| 品川区 | 61.6 | 中野区 | 57.6 |
| 豊島区 | 61.3 | 江東区 | 56.6 |
| 台東区 | 60.8 | 品川区 | 56.2 |
| 大田区 | 60.0 | 北区 | 55.1 |
| 板橋区 | 59.1 | 大田区 | 54.9 |
| 江東区 | 59.0 | 板橋区 | 54.8 |
| 北区 | 58.0 | 荒川区 | 54.2 |
| 葛飾区 | 57.7 | 墨田区 | 53.2 |
| 荒川区 | 57.7 | 台東区 | 52.9 |
| 墨田区 | 56.7 | 江戸川区 | 52.8 |
| 江戸川区 | 56.4 | 葛飾区 | 52.7 |
| 足立区 | 55.0 | 足立区 | 52.3 |

出典：平成 19 年度　児童・生徒の学力向上を図るための調査報告書

# 公立幼稚園ゼロ！
# 時代に逆行する民間丸投げの理由とは

## ２００９年３月に公立幼稚園を全廃

　２００９年３月31日をもって、大田区では９カ所あった公立幼稚園が全廃された。「大田区立幼稚園条例を廃止する条例」が区議会で可決されたのは２００４年10月。それから５年間を経て廃止に至ったのである。もちろん、反対の声もあった。だが、公立幼稚園を廃止する動きは大田区に限ったものではない。都内では公立幼稚園の廃止、縮小が相次いでいる。多摩市では２００７年３月をもって市内唯一の市立多摩幼稚園を廃園。三鷹市でも２００７年に市立幼稚園が全廃している。そもそも少子化によって、東京都全体で幼稚園の数は減少している。

　都内では１９９３年度には23区７市で計２８２園の公立幼稚園があ

ったが、10年後の2003年度には228園にまで減少、現在も数を減らし続けている。

もうひとつ、廃止が進められた要因は財政問題。公立幼稚園は、人件費だけでも数億円単位。財政難が叫ばれる中で、この金額の削減は魅力的だったようである。

23区で初めて、幼稚園の全廃を打ち出したことに対しては、批判の声もあったが、大きな力にはなり得なかった。というのも、公立幼稚園の廃止により幼稚園入園希望者は私立幼稚園で対応することになったのだが、区内に49ある私立幼稚園の多くは、現状でも定員割れしているからだ。

幼稚園の定員割れは、大田区だけに限られた出来事ではない。全国的に幼稚園では定員割れが相次いでおり、受益者負担との兼ね合いから自治体の懸念になっている。そして、定員割れの要因となっているのは少子化だけではないことも指摘されている。

幼稚園を利用する層の多くは、母親が送り迎えすることが可能な、専業主婦の世帯である。ところが、都市部を中心に夫婦共働き世帯は増加傾向。いわば、幼稚園はライフスタイルの変化についていくことができない教育システムとなりつつある格好だ。

## 幼稚園は定員割れで保育所は足りない

幼稚園が定員割れで、存続の危機に立たされている一方で、保育所は不足気味だ。認可保育所に申し込んでも入れない待機児童の数は、２００９年４月１日時点で、県庁所在市や東京23区など94市区で計1万４４７８人いる（朝日新聞、２００９年６月29日朝刊）とされている。しかも、待機児童の数は年々増え続けているのだ。こうした情勢の中で保育所の拡充が求められているものの、用地や運営を簡単に確保することができず、厚生労働省は一定の条件をつけて定員を超えて受け入れることも認めているのが現状である。

東京都の統計によれば、大田区の待機児童数は２００８年には２４２人で23区中の３位となっている。２００７年には１４４人で８位だから一年の間に待機児童の数が、急速に増加してしまったわけである。

前述のように、待機児童の数は全国的に増加しているのだが、大田区の増加は急速だ。もちろん、行政は保育所に対する需要の高まりに応えるための施策も行っている。東京都では２００１年から従来の認可保育所よりも設置条件を緩和した認証保育所という制度を導入して待機児童の緩和に励んでいる。それを受けて、認可・認証ともに保育所の数は増加している。２００８年度の東京都の認可保育所の数は１６８９（対前年度比＋16）カ所。定員は16万６５５２人（同＋１７４５）。認証保育所は４１０（同＋43）で定員は1万２７２３人（同＋１５９３）である。それでも、保育所に入ることができず、あぶれている子供がいるのだ。

## 廃止してみたけど受け皿が不十分

こうした状況なのに、保育所に転換するなどの措置も取られずに全廃された大田区の幼稚園。行政が、その受け皿として提示したのが「幼児教育センター」という新しい施設である。区役所内に設置されたこれは、幼児教育の充実のために活動する部署らしいのだけど、正直、なんのための組織なのか、まったくわからない。「センター」と名がついているのだから、子供を預かったりしてくれるのかと思いきや、活動内容は「幼稚園教員、保育士のための研修会の実施」とか「幼児教育相談（電話・来室）の実施」で、どう見ても役に立たない組織としか思えない。

ぶっちゃけ、単に廃止するだけでは批判も根強いので、形だけなにかやっているフリをしているためのセンターなのではなかろうか。

それでも行政も無策なばかりではない。保育所の不足に対しては、家庭福祉員（保育ママ）という制度も設けられている。これは、保育士、教員、助産師、保健師、看護師の資格をもっているか、育児経験のある25歳以上70歳未満の女性が親に代わって自分の自宅で子供を預かる制度だ。既に23区では多くの区で導入が始まっている。

ただ、この制度はあまり一般への認知が広がっていない。そもそも制度自体は２０００年から国が補助を行っている事業であり、全国で74自治体が実施中。２０１０年には児童福祉法が改正され国の管轄する事業として認められる方針だ。にもかかわらず、なぜか積極的に制度の存在を広報している区は少ない。理由は、まだまだ保育ママになろうとする希望者の不足がある。まず、「保育士、教員、助産師、保健師、看護師の資格」は高いハードルになるし、自宅で子供を預かるとなれば責任は重大。加えて子供を安心して預けられる安全や衛生のための設備も準備しなければならない。区から賃金が支払われるとはいえ、負担は大きい。

そのため、中には制度はあるが登録している保育ママが1ケタ程度のところも。これでは、世間に認知されないのも当たり前だ。

ところが大田区では、積極的に情報を公開。登録している保育ママの名前と居住地、空き人数も公開している。ほかに保育ママ制度を実施している区の情報公開度も調べてみたが、ここまで情報を公開しているのは大田区だけ。「幼児教育センター」よりもよっぽど、やる気を感じる。

これに加えて「ファミリー・サポートおおた」の広報も熱心におこなっている。これは、いわゆるベビーシッターの有償ボランティアだ。区が仲介して12歳までの子供を預け、預かる事業である。あくまでボランティアなので区からの謝礼が一時間８００～９００円なのはともかく、制度としては悪くない。行政でまかなえない部分を住民同士でうまく回してもらおうと目論む大田区。こうした施策がどこまで上手くいくのかは、なお不安だ。とりあえずは、保育所の数を増やすのを早くやったほうがよいのでは、なかろうか。

※　※　※

結局この問題は２０１４年まで続き、待機児童の数は６１３人にまで拡大してしまった。しかし、大田区はここで一気に動く。「平成26年度大田区待機児解消緊急 加速化プラン」などによって待機児童を75%減らす事に成功したのだ。このプランでは、当初保育サービス定員を６６０人増を目標にしたが、これが概ね達成された形である。施設整備は、従来の認証、認可保育園だけではなく、小規模保育所の整備が重視されている。

ただ、これらの施策も周知されていなくては意味が無い。前年の待機児童をほぼ収容できる定員拡大に成功した２０１５年も１５４人の待機児童が存在した。区は保育利用希望者のニーズに合わせた施設などをマッチングする保育サービスアドバイザーの相談事業を拡大し、これに対抗しようとしている。

## 東京都23区の待機児童数

| 2015年 | | 2008年 | |
|---|---|---|---|
| 区名 | 待機児童数 | 区名 | 待機児童数 |
| 千代田区 | 0 | 千代田区 | 0 |
| 港区 | 30 | 渋谷区 | 29 |
| 杉並区 | 42 | 葛飾区 | 48 |
| 荒川区 | 48 | 中央区 | 49 |
| 文教区 | 69 | 台東区 | 49 |
| 隅田区 | 76 | 北区 | 49 |
| 中央区 | 119 | 荒川区 | 49 |
| 大田区 | 154 | 豊島区 | 58 |
| 北区 | 160 | 新宿区 | 60 |
| 江東区 | 167 | 杉並区 | 88 |
| 新宿区 | 168 | 目黒区 | 106 |
| 台東区 | 170 | 品川区 | 115 |
| 中野区 | 172 | 文京区 | 124 |
| 練馬区 | 176 | 中野区 | 144 |
| 豊島区 | 209 | 港区 | 168 |
| 品川区 | 215 | 墨田区 | 187 |
| 渋谷区 | 252 | 江戸川区 | 202 |
| 葛飾区 | 252 | 足立区 | 205 |
| 目黒区 | 294 | 江東区 | 219 |
| 足立区 | 322 | 板橋区 | 236 |
| 江戸川区 | 347 | 大田区 | 242 |
| 板橋区 | 378 | 練馬区 | 254 |
| 世田谷区 | 1,182 | 世田谷区 | 335 |

東京都福祉保険局（2016）調べ

# 蒲田に集まる大田区民の行動パターン　なぜ駅ビルで食事をするのか

## 渋谷は遠すぎるし近い都心は閑散と

大田区民の多くが週末を過ごすスポットが、蒲田である。

「なんだよバカにするな。ウチは渋谷に出かけるんだよ！」と、怒る人もいるかもしれないけれど、東横線あたりの金持ちを除けば、ほとんどの大田区民は蒲田に向かうのである（ちなみに、ほんとの金持ちは渋谷なんかに行かないで自由が丘でお買い物だと思うぞ）。ぶっちゃけ、東横線沿線住民を除けば、渋谷は遠い！　東横線沿線住民にしても、休日の渋谷方面は、ほとんどが各駅停車になるので、余計に時間が掛かる。目黒線や池上線沿線は、もっと大変だ。

こうした、いちいち乗り換えなければターミナル駅に到着しない不便さが、実際に費やす時間以上に新宿・渋谷などの都心と大田区の関係を引き離しているのである。

また、大田区周辺に存在するターミナル駅といえば、オフィス街にあって土日は閑散としている品川駅とか、しょぼい五反田駅に目黒駅。都心の方向に向かってもロクに買い物ができるところなどないのだ。それに比べて、蒲田は買い物にも便利な素敵タウン。もし、物足りない時は電車でたった一駅先に似通った匂いを放つ川崎もあるのだ。京浜東北線を利用すれば銀座方面へも手軽に出かけられるわけで、渋谷・新宿という街の存在は、かなり印象の薄いモノになっている。

ましてや、中央線沿線の「文化レベルが高い」ことを誇りにしているような街は大田区から見れば辺境。葬式でもない限りは高円寺にも吉祥寺にも、行くことなどないだろう。

「とりあえず、蒲田に出れば、なんとかなるわ」

それが、大田区民の基本的なスタイルなのである。

## 駅ビル新装開店で街に人が戻った！

休日になれば、賑わっている蒲田だけど、一時はマジでやばかった。特にやばかったのは駅ビルだ。休日なのに駅ビルにはほとんど人の姿が見られず「いつ客が来ているんだろうか」と不思議に思ってしまうほどだった。その閑散とした風景は、まさにうらぶれた蒲田の玄関口にふさわしい建物だった。

それが、ガラリと変わったのは2008年4月。JR東日本が推し進める「駅ナカ」事業の一環として、駅ビルの大規模改修を行い「グランデュオ蒲田」と名を改めたのである。グランデュオというブランドはJR東日本が阪急百貨店と提携して展開している店舗形態で、蒲田は1999年にオープンした立川に続く2店舗目。いわば「駅ナカ」事業の看板である。ゆえに、蒲田の変貌ぶりはすさまじかった。それまで、とても東京とは思えない埼玉県の東松山とか熊谷あたりのデパート（あえて名は秘す）と同じレベルの中身が、ごっそり新宿高島屋のような店に生まれ変わったのだ。それまで京浜東北線で銀座あたりまで行かなければならなかった本物のデパートが、サンダル履きでいける圏内に登場！　それが大田区民に与えた衝撃は大きかった。「ちょっと上質な毎日の生活を2つの館で応援する回遊型コミュニティ百貨店」をウリ文句に蒲田駅ビルは繁栄の時を迎えたのである。

## デパートを見学し商店街で買い物を

休日は、デパート。なんだか、高度成長期を彷彿させる行動様式だが、これが大田区の最先端である。

特に、食堂フロアは大人気。昼時になれば、あらゆる店に家族連れやカップルが行列している光景を見ることができる。一般に駅ビルの食堂街は一見相手なので愚にもつかない味で高い金をむしり取るところが多いものだが、ここの食堂街はかなりレベルが高い。とはいえ、行列覚悟で食べる価値があるかといえば疑問。それでも、大田区民は我慢強く行列をしている。きっと、大田区民の財布事情からみればコストパフォーマンスがよいことは間違いない。

さて、家族で楽しい食事を楽しんだ大田区民たちが、その後どんな行動を取るのか。何組か尾行をしてみたところ、デパートで買い物をする人々はあまり多くない。基本的に、デパートでは「見てるだけ」である。

多くの人は、駅ビルを出て商店街へと向かう。駅周辺の商店街は、昭和のたたずまいを残し、客の姿をほとんど見ない店もあるが、激安系の店もあり財布にも優しい。駅ビルで食事→商店街で買い物→駅ビルでおかずを購入が、一般的な行動パターンになっている。（事実、地下はやたらと繁栄している）

なお、ＪＲ駅ビルの繁栄に比べて取り残されているのが、東急の駅ビル。ＪＲ側とは館内通路で繋がっているのに、通り抜けに利用するお客以外はあまり見かけない。ただ、グランデュオが館内全面禁煙なのに対し、東急では飲食店にちゃんと喫煙スペースがある。禁煙の風潮が広がる現在、食後の一服を楽しませてくれる東急の優しさには思わず涙が流れてしまう。特に、ホットケーキの美味い喫茶店での一服が最高である。

## オシャレビルも「蒲田力」に飲まれる

このように、家族でお買い物のイメージばかりで書いてきたけど、蒲田には暗黒面も多い。それも「昭和かよ！」と思うような古ぼけたところばかりである。なにしろ、この街には未だに「グランドキャバレー」という看板が掛かった建物もあるし、裏通りには昼間から人がいっぱい集う飲み屋も。新宿の思い出横丁は、いつの頃からか「闇市の雰囲気が残る」健全な街になっているけど、蒲田では、いまだに健全さのかけらも感じられない。

その手の地域は、夜ともなれば、さらに客引きが立ち不健全な香りでいっぱいだ（風俗店なんて、昼間から客引きに立っている。もはや、歌舞伎町でも見られない光景だというのに）。

たとえ、駅ビルがオシャレになって、健全な街をアピールしても、やはり限界があるとしか思えない。

現に、駅ビルで働く店員もオープン以来、次第に蒲田らしさを漂わせる人々

**JR蒲田駅東口駅前。昼休みはグランデュオ蒲田の食べ物屋で……というのが定番コース**

が増えてきた印象がある。

特に化粧品業界では、店を開く街に応じて、それぞれ街の雰囲気に合った人を配置するという噂もある。で、実際、化粧品店を覗いてみると確かに化粧でオシャレにしているけど、どことなく蒲田らしいかも……。

やはり、いくら綺麗な建物を建てて高級な店をオープンさせても、土地の持つ雰囲気にはけっして勝つことができないのだ。

蒲田の駅ビルは、北千住駅前の丸井と並んで「オシャレな店も土地の怨念には勝てない」という仮説を裏付けしてくれているのだ。

グランデュオ蒲田・東館の勇姿。和洋中のレストランからテイクアウトまで、よりどりみどり

グランデュオ蒲田・西館。こちらの方が階数が高い。屋上にフットサルコートがあったりもする

# ユザワヤ本店の怪
# 用も無いのに集まる区民の嗜好パターン

## 大田区の昭和を再生産する企業

蒲田の街を語るときに、絶対に外すことができないのがユザワヤ。紅白デザインの看板が、ひときわ目を引く都内でも有数の手芸・工芸・雑貨チェーンである。1955年に蒲田に開業した湯沢屋毛糸店に端を発するこの企業は、いまでも蒲田を一大本拠地にしている。

大田区民で、この店を利用したことのない人はまずいないだろう。看板商品は手芸・工芸アイテムだけれど、鉛筆やノートからNゲージにエアガンまでと、品揃えの幅が凄まじい。日常生活に必要なちょっとした工作から夏休みの自由研究、ひな祭りやクリスマスのプレゼントまで、ユザワヤは大田区民の日常生活に入り込み、独特の文化を発信している。

ユザワヤの生み出す文化とは古き良き昭和のイメージである。昭和30年代を舞台にしたTBSのドラマ『官僚たちの夏』では、登場人物たちのスーツはユザワヤのイージーオーダーだったのだが、選ばれた理由は間違いなく、そこはかとなく匂う古き良き伝統だったに違いない。つまり、どことなく昭和の雰囲気を残す大田区（特に大田区東部）の文化はユザワヤによって若い世代に継承され再生産されているのである。

大田区特有の「どこかズレている」文化はユザワヤなしには成立しないし、ユザワヤ自体も本拠が蒲田でなければ成立しえないわけだ。その証左としてあげられるのが、蒲田以外の店舗の所在地、都内だと吉祥寺・南千住・立川・町田・銀座。いずれも最先端の都市というよりは、なんらかの形で昭和の文化が色濃く残っている街ばかりではないか。

あまり、昭和だ昭和だと連呼していると「古くない！」と怒られそうだが、これはむしろ誇るべきことだ。

近年になってＤＩＹやらエコやら、様々な言葉で、物を買うのではなく自分で作ることが一種のブームとなっている。考えてみれば、バブル期以前までは、我々はもっと多くのものを自分でつくっていたはずだ。今でこそ雑巾でも、布袋でもお店で買うことが増えているけれど、これはちょっとおかしい。つい20年くらい前までは、雑巾なんて使い古したタオルを縫うものだったはず。

そうした文化はバブル期以降、手間や時間がカネで代行できるという意識の広がりの中で崩壊していった。ところが、近年のＤＩＹやらエコやらが単なる一過性のブームだったとしても「自分のものは自分でつくる」という文化を再生産する一助にはなっている。そうした中で、ユザワヤの地位も「古い」から「古き良き物」へと変化しているのだ。いうならば、ユザワヤとは昭和の香りを残しつつも、最先端の存在なのである。そして、これを可能にしたのは、一度来店したくらいでは、どこになにを置いてあるか、まったく理解不能な圧倒的な品揃えなのである。

## 東急ハンズよりも安くて使いやすい

ユザワヤ型の企業としては、同じく手芸用品を扱うキンカ堂などを思い浮かべがちだが、実はこれは間違っている。同様のコンセプトを持つ企業として、もっとも近似値なのは東急ハンズなのだ。いうまでもなく東急ハンズは、DIYやら何やらの言葉で、様々な手芸・工芸の材料を取り扱い、ユザワヤ同様に取り扱う商品の幅は広い。確かに、東急ハンズのブランドイメージは強い。同じものでも、ユザワヤよりは東急ハンズで買ったほうがオシャレだろう。だが品揃えの点ではユザワヤにはかなわない。手芸の材料ひとつを取っても、世界で生産されている毛糸のほとんどすべての種類が揃っているのではないかと思わせる勢い。それでいて、プロ用の機材までちゃんと揃っている。なにか物作りを始めようと思ったとき、道具がゼロの状態でも5000円くらい持っていけば、玄人レベルの機材と材料が一通り揃うだろう。とにかく安いのだ。プロレタリアートをメインターゲットにしているユザワヤは安い。タダでさえ安いのに「ユザワヤ友の会」に入会すれば、さらに安くなる。また、店としては迷惑かもしれないけれど、品揃えがよいので、なにも買わずに見ているだけでも十分に時間を潰すことが出来る。暇な日には「これはいったいなんの材料だろう」と、様々な物を見ながら思いをめぐらせては、どうだろうか。

## 他店にはマネできないオンリーワンのセンス

さらに東急ハンズがいくらオシャレに彩ろうとも、ユザワヤ独特のセンスにはかなうはずがない。ユザワヤの店員の能力は目を見張るべき物があり、マニアックな材料を探していて、置いてある場所を聞くと、すぐに

「〇号館の、どこどこ～」

と答えが返ってくる。きっと、ほかの量販店とは一線を画す、とてつもない社員教育が行われているに違いない。なぜなら、それらの社員は道で出会っても「あ、ユザワヤの人だ」と思わせる独特のキャラ立ちをしているからだ。そして、この独特のセンスは店を利用する客にも、しっかりと浸透している。店のあちらこちらには、販売している商品を利用した製作見本が置かれているの

だが、これも、ユザワヤならではの色彩が独創性を感じさせるものばかりである。これらを通じて客も次第にユザワヤの独自センスに染められていくわけだ。このセンスに染め上げられた客の中でもさらに濃い人が向かうのは、入学随時受付のユザワヤ芸術学院。ここで、技術を手に入れ真の顧客の中の顧客が誕生するわけである。

それにしてもユザワヤには謎が多い。特に店員の独特のオーラは謎だ。幾人かの大田区民に聞いてみると、

「みんな大田区生まれで地元の学校を卒業して就職しているから」

という説が有力だが、実態はわからない。ただ、そんな謎めいたところもユザワヤの魅力だよね。

6号館。手芸や工芸の材料を扱う。何か作りたいと思ったら、とりあえずは入ってみるといいだろう

手芸工芸教室であるユザワヤ芸術学院。表に面したショーウィンドウには諸先輩方のステキ作品が……

# いきあたりばったりで作られた東急目黒線・多摩川線

## 切り捨てられた多摩川線の現在

第1章以来、大田区の実態を記してきたが、やはり大田区はなにかズレている。その元凶となっているのが交通機関ではなかろうか。

その代表格ともいえるのが東急各線である。大田区内ではメジャーな路線だけれども、多摩川線、池上線共に3両編成で、どこの田舎のローカル線かという気分にさせてくれる。そもそも、3両編成なのにラッシュ時でも乗客を積みきれないほどの殺人的な混雑にはならないのだから、ある意味スゴイ。単にローカル線的というよりは、ほとんど路面電車的ともいえるだろう。

ここ数年の間に東急線では、列車の増発、特急や急行の新設が盛んだ。東横線には特急が走るようになったし、大井町線にも急行が走るようになった。東横線は従来からドル箱路線なので当然の話だろうが、大井町線の変貌ぶりには驚かされる。急行なんて、大井町駅を出発すると停車駅は旗の台、大岡山、自由が丘だけ。従来、のどかなスピードで走り、途中駅には列車に対してホームの長さが足りない駅（戸越公園とか九品仏駅。ホームが足りないのでドアの開かない車両がある）が見所の大井町線は過去のものとなった。旗の台駅も、池上線と大井町線の乗り換え以外は特に用のないローカル駅。ホームから駅舎まで、すべてが木造で永遠に変わるとは思えなかった。それが、現在では未来的なデザインの駅舎とホームに姿を変えている。

それに比べて、多摩川線は……。東京のローカル線として知られる西武線ですら、全木造なんてほぼ消滅しているというのに、東急はまるで多摩川線に金をかける気がない。

## 目蒲線時代は四両だったのに…

かつて、東急線の最下層に位置するのは池上線のハズだった。というのも、目蒲線は名称の通り接続するターミナル駅が目黒駅。接続先が五反田駅の池上線とは、この点で差をつけていたのだ。

その状況がガラリと変わったのは、東急線が再編されて目黒線と多摩川線に分離されてからである。

そもそも、(旧)目蒲線は東急電鉄の中でも、もっとも歴史の古い路線である。その歴史は、1923年に五島慶太が率いる目黒蒲田電鉄株式会社が、目黒〜丸子(現在の沼部駅)間を開通させたことに始まる。様々な強引な経営手腕で「強盗慶太」として歴史に名を残す五島が、この路線に目をつけたのは当時、盛んになっていた宅地開発にある。この時代、東京の人口増加に対応する形で、東京西部には郊外型の宅地開発が続々と進展していた。現在の目黒線、東横線沿線の住宅地もそのひとつで、渋沢栄一らの出資によって設立された田園都市株式会社によって、田園調布などの欧米型郊外住宅地を理想として開発が進められていたのである。目黒蒲田電鉄は、この事業の鉄道部門だった。この路線は、1923年のうちに丸子～蒲田間を開通し、現在に連なる路線を完成させることになる。

ところが、この後の歴史を見てみると、それっきり放っておかれた感が否めない。

1926年、五島は自身が経営する東京横浜電鉄の丸子多摩川（現在の多摩川駅）～神奈川（横浜あたりにあった）間を開業すると、対岸の新丸子の住宅分譲地を販売し始める。翌年には菊名にも住宅地を開発し、分譲が始まった。どう見ても、人の軒先を借りて鉄道を敷設させた後に、自分の勢力圏に都合良く延伸をさせているようにしか思えない。まさに、シムシティを現実でやっているような感覚を覚えるが、実際にその通りである（この後、東横線は渋谷まで開通するが、当時はさらに新宿駅まで延伸する計画だった）。

その一方で、既にある程度まで街が出来上がっていて、開発する余地も少なそうな多摩川～蒲田間は、ほぼ無視された存在になってしまったのである。

## 地下鉄乗り入れで発祥の地を切り捨て

こうして『ぼくの名前は目蒲線～』という歌詞が印象的な「目蒲線物語」でネタにされるなど、目蒲線は池上線と、その地位を争う都心のローカル線となった。なにしろ1980年代末まで車両にクーラーも取り付けられなかったというから、ひどい話ではないか。

この、見捨てられた感がさらに強まるのは2000年8月に行われた目黒線と多摩川線の分離である。この分離は同年9月から始まった営団地下鉄（現・東京メトロ）南北線、都営地下鉄三田線との相互直通運転に対応するもの。都心への利便性を図る目的で、目黒へ行き来する列車はすべて東横線方面へ移動。多摩川～蒲田間は、所要時間わずか10分あまりの短距離路線として分離され、四両編成だった列車も三両編成へと短縮されてしまったのである。

この時に、それまでの多摩川園駅も多摩川駅へと駅名称を変更。ここには1925年から1979年まで、東急が経営する多摩川園という遊園地があり、一時期は年間100万人の来場者を数える人気スポットとして賑わっていた。

その閉園後も、多摩川園の名を冠したテニスコートが開設されたりしていたのだが、それも売却されたため、路線分離に合わせて名称も変更されたのである。こうして「東急発祥の地」にまつわる由緒正しい名称は完全に姿を消してしまった。多摩川線沿線住民にしてみれば、それまで目黒まで直通していたのに乗り換えの不便を強いられることになったわけだが、さほど反対の声は挙がらなかったようだ。というのも、まずは利用状況をみれば、路線を分離する必要性が一目瞭然になってしまうことが挙げられるだろう。

2008年度の一日平均乗降者人数を見ると、多摩川線沿線で通勤需要がありそうな武蔵新田駅が2万3373人、下丸子駅が3万5633人という程度。周囲が、ほぼ住宅地の鵜の木駅や沼部駅は表の通り1万人規模。都心に向かう需要もあると思うのだが、そもそもの人口がこの程度なのだ。それに対して営団、都営地下鉄への直通運転の起点となった武蔵小杉駅は東横線と合算で20万6822人を数える。2010年にはJR横須賀線の新駅も開業したから、この数字はさらに伸びた。こうした大規模な需要を賄わなければならないわけだから、多摩川線は切り捨てられて当然だったワケだ。

### 東急目黒線・多摩川線一日平均乗降客数

| 駅名 | （人） |
|---|---|
| **目黒線** | |
| 目黒 | 251,530 |
| 不動前 | 28,909 |
| 武蔵小山 | 51,337 |
| 西小山 | 35,397 |
| 洗足 | 14,499 |
| 大岡山 | 20,223 |
| 奥沢 | 13,636 |
| 田園調布 | 12,071 |
| 多摩川 | 3,439 |
| 新丸子 | 5,982 |
| 武蔵小杉 | 43,523 |
| 元住吉 | 17,130 |
| 日吉 | 47,901 |
| **多摩川線** | |
| 多摩川 | 3,640 |
| 沼部 | 10,557 |
| 鵜の木 | 18,830 |
| 下丸子 | 37,857 |
| 武蔵新田 | 25,229 |
| 矢口渡 | 23,683 |
| 蒲田 | 87,970 |

東急電鉄公式サイト調べ（2014 年度）

　また、多摩川線沿線住民にしても、目黒駅まで行かなくなっても、あまり不便はないようだ。多摩川駅で乗り換える多くの人が向かうのは渋谷方面。ラッシュ時でも東横線の混雑に比べて、南北線、都営三田線の列車は幾分ゆったりしている。そもそも目蒲線時代から目黒に接続していても価値はなかったのだろう。

三両編成で走る東急多摩川線。編成が少ないせいもあって、何か、バスや路面電車と似た雰囲気がある

こちらは東急目黒線。沿線には田園調布などお金持ち地帯を含む。そのせいか列車もリッチ？

# 東急なのに三両列車
# 東急池上線の作る街の雰囲気

## 蒲田方面への近道はこっち？

さて、池上線である。乗ったことのない人でも山手線五反田駅ホームから、はるか上空に位置する三両編成のホームを思い浮かべる人は多いのではないだろうか。きっと、大地震でもあれば車両ごと落下してくるに違いないと、空恐ろしくなる高架には「蒲田方面近道」という文字がデカデカと書かれている。田舎から上京してきたばかりの人だと、

「なるほど、親切だなあ」

と間違えて乗り換えてしまいそう。けれども、蒲田に行くのなら品川駅で京

浜東北線に乗り換えたほうが、よっぽど早い。にもかかわらず、太古の昔から「近道」の表示が消えることはない。

それにしても、この路線のローカルぶりは恐ろしい。どの公共施設でもバリアフリー化が進んでいるというのに山手線との乗り換え口は階段だけ。車椅子の場合は一度ＪＲの改札を出て、横断歩道を渡って東急ストアのエレベーターを利用しなければならない。何年にも渡ってバリアフリー化を求める要望が出ているそうだけれど、改善される見込みはない。なにしろ都内のほとんどの地域で自動改札機が設置された時期でも、ここだけは有人改札のままだったのだから、どれだけ冷遇されてきたか理解できるだろう。おかげで、長らくキセルが可能な駅（手口はナイショ）として貧乏人たちの懐を助けてきたのが、池上線なのだ。それでは、その沿線風景を考察していこう。

## ほとんど詐欺で迷走した前身時代

池上線の前身である池上電気鉄道が蒲田〜池上間に開通したのは１９２２年。

当初の目的は、池上本門寺への参詣客輸送であった。ただ、この開業時点からなにかおかしかった。当初、路線として予定されたのは大森～池上経由で目黒だったのだが、大森周辺で土地を取得できなかったので蒲田へ移転したという経緯があった。ところが、蒲田～目黒間には既に前ページで記した目黒蒲田電鉄の建設作業が進行中だった。

当時としては巨大な資本を背景に明確なプランを持って建設が進められていた目黒蒲田電鉄に対して、池上電気鉄道は惨憺たるもの。

そもそも、大正時代に起こった鉄道建設ブームにのって現れた泡沫会社を、貴族院議員の高柳淳之助なる人物（『地方必適金もうけ案内』『最新美人法』『成功之秘訣』などのハウツー本で知られる著述家でもあった。だが、この時点で既にアヤシイ）が購入し、どうにかこうにか開業にこぎ着けたという路線である。開業はしたものの、その後も延伸工事は難航。大体、資金がない上にバッティングする路線があるとなっては援助してくれる企業も出てくるわけがない。

池上線について記した書籍は数多く出版されているが、どれを読んでも高柳淳之助のほとんど詐欺的な経営は批判的に書かれている。

それでも、1923年には雪ヶ谷駅（現在の雪が谷大塚駅の前身）まで延伸した路線は、川崎財閥（京成、京王を傘下に収めていた財閥）の所有となり、ようやくまともな鉄道会社としての形を整える。目蒲線とのバッティングを避け路線は、五反田駅との接続を決定。1928年に、ようやく全通する。

当時の計画では、ここで終了ではなかった。ここから、さらに品川・白金方面へ向かい、京浜急行と合流する計画を立てたのである。そのため、五反田駅は現在みられるような高架橋になったのだが、この計画は頓挫。次に、雪ヶ谷大塚駅から国分寺駅に向かう路線を計画し、1928年には新奥沢線という1・4キロの短距離路線を開通する。

ところが、既に東急でも現在の大井町線にあたる大岡山〜二子玉川間を計画中と、これまたバッティングしてしまう結果になる。こうした動きに対して、もとより競合路線を目の上のたんこぶと考えてきた五島慶太率いる目黒蒲田電鉄は、ついに1934年、池上電気鉄道の買収に成功する。こうして、東急の一路線として池上線が誕生したのだが、過去の経緯もあってか冷遇される時代が続く。1976年にヒットした歌謡曲『池上線』では、池上線のボロさが強調され東急は苦情を申し立てたのだが、実際、そうなのだから仕方がない。

## それでも多い利用者数

競合路線を敗北させるために買収したという経緯もあり、池上線沿線ではロクに宅地開発が行われることもなかった。そのためか、現在まで沿線人口が過剰に増加することもなく推移している。しかし、大田区民の池上線への依存度は高い。

大田区内の東横線や目黒線の乗降人員を見てみると、2008年度のデータでは田園調布駅では、一日平均輸送人員で3万6341人の利用がある。大岡山駅は1万9360人、奥沢駅は1万3551人だ。これに対して、池上線では蒲田駅を除いてもっとも利用者の多い池上駅で3万9947人、次いで雪が谷大塚駅で2万2638人となっている。

利用者数だけを見ると、さほど変わりはないのだが、神奈川県の奥地からははるばる都心への通勤客を運んでくる東横線に対して、池上線はあくまでも大田区~品川区の東京ローカル路線である。客を詰め込む一方の駅の数が少ないのだから、混雑具合もまったく違う。横浜あたりから、すし詰めで立ちつくしの乗客を尻目に幾分か快適な通勤ライフを味わえるわけだ。

さらに、新宿方面へ通勤するのならば、五反田駅はかなり便利。隣が山手線の始発駅、大崎駅なのでタイミングがあえば、電車で座れることも。そうでなくても、午前8時30分を回り、渋谷ではまだ乗り換えのために行列ラッシュが続いている時間でも五反田駅では既にラッシュが終わっていたりする。東横線に比べてオシャレな雰囲気は、ほとんどないけど通勤を考えたら、ベターな路線には違いないだろう。

街の雰囲気も、路線のローカルな雰囲気に合わせてか妙に下町的だ。久が原駅や石川台駅などは周囲に高級住宅地が広がっているはずなのに、駅周辺に限っては下町風。駅からちょっと歩くと急に高そうな家が姿を表したりして、大田区らしさを示している。

特に久が原駅圏内エリアは象徴的。駅前商店街は「ライラック通り久が原」という「いかにも」なネーミングだが、その見た目は「ザ・そのへんの商店街」。

## 東急池上線一日平均乗降客数

| 駅名 | （人） | 駅名 | （人） |
|---|---|---|---|
| 五反田 | 107,444 | 雪が谷大塚 | 23,969 |
| 大崎広小路 | 7,733 | 御嶽山 | 24,869 |
| 戸越銀座 | 19,356 | 久が原 | 14,910 |
| 荏原中延 | 12,757 | 千鳥町 | 15,021 |
| 旗の台 | 14,535 | 池上 | 34,252 |
| 長原 | 14,949 | 蓮沼 | 7,715 |
| 洗足池 | 17,965 | 蒲田 | 69,631 |
| 石川台 | 14,662 | | |

東急電鉄公式サイト調べ（2014年度）

それでいながらよく見ると飲食店が全体的に古くからある結構高級そうな店だったり、軽薄なチェーン系店舗が皆無だったりと、「わかるヤツにはわかる高級さ」「シブさ」を感じさせたりしている。これが池上線のテイストを如実に表しているといえる。

本門寺通り商店街。いわゆる門前町ってヤツですね……と思ったら、意外と歴史は 50 年ほど

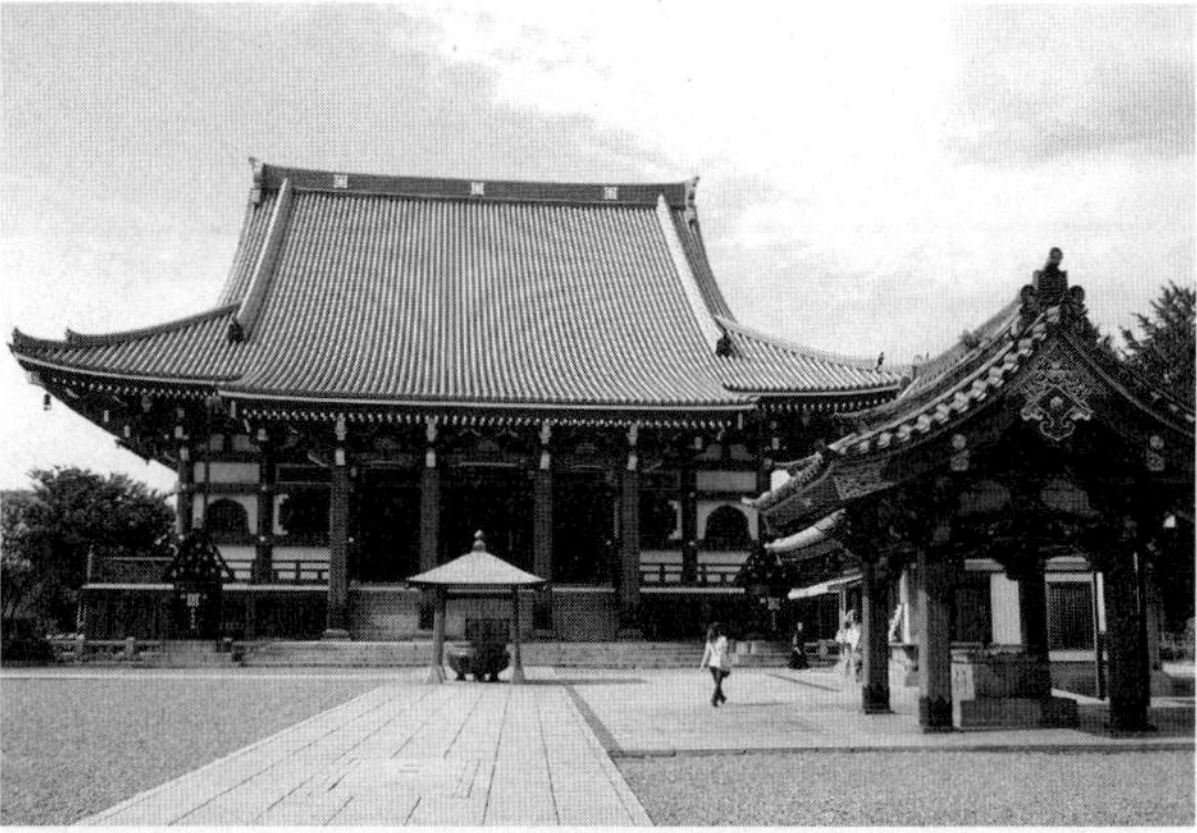

池上本門寺。1282 年開基の日蓮宗大本山。10 月 11 ～ 13 日のお会式には 30 万人で賑わい、池上線も増発

東京にいてローカル線気分が味わえる池上線。線路の間に草が生えていたにのは驚いた。ワザとか？

池上線にもお楽しみがある。例えば洗足池駅で降りて、岸辺のテラスジュレでお食事とかね

大田区コラム 3

# 映画の街だったのに映画館が少ない

蒲田行進曲といえば、ＪＲ蒲田駅の発車メロディにもなっているメジャーな曲である。

と、思っていたら、どうもそうではないらしい。

取材中、何人もの大田区民に「蒲田行進曲、唄えるよね？」と聞いてみたのだが、誰一人唄えると答えてくれる人がいなかった。中には、発車メロディが、蒲田行進曲というタイトルということを、知らない人も。三番まで完璧に唄える筆者は、ほとんど異常者扱いである。

で、Ｇｏｏｇｌｅで「蒲田行進曲」を検索してみたのだが、この結果がこれまた残酷だった。

検索結果の上位が、深作欣二監督の映画『蒲田行進曲』である。確かに、唄ってたけど……つかこうへい原作のこの作品の舞台は京都撮影所。蒲田の街な

松竹蒲田撮影所跡地に建った大田区民ホール・アプリコ。地下には撮影所のジオラマが展示されている

んか、まったく出てこない。一方、松竹が1986年に年末恒例の『男はつらいよ』を取りやめて製作した『キネマの天地』は、セットを組んで、かつての蒲田撮影所を再現した名作。でも松竹大船撮影所50周年記念作品にも、かかわらずあまり知られてはいない。当時、すでにイメージが「寅さん」で固まってしまっていた渥美清が、渋い父親を演じた名作なのだが、これは極めて残念なことである。

蒲田の地に、松竹蒲田撮影所が設立されたのは、1920年。当時の住所は、東京府荏原郡蒲田村。周囲は町工場ばかりの都心からはずいぶんと外れた田舎町である。9000坪（だいたいサッカーコート4面分）で目指されたのは、それまで日本には存在しなかった斬新なシステムを使った映画の革新であった。1920年、日本映画はまだ黎明期。それまでの映画界は従来の歌舞伎やらの伝統を引き継いでおり、女性の出演者は未だに女形が演じるというスタイルであった。川上貞奴が日本で初めての女優となったのが1899年。初めての歌う女優であり、スキャンダルで世を騒がせた嚆矢ともいえる松井須磨子が登場したのが1911年のこと。こうした新劇の流れとは別に、歌舞伎や大衆演劇の出演者を基盤に始まった日本の映画製作現場では、女優が誕生することが遅れていた。

松竹が蒲田の地に撮影所を開設したのは、単に土地の確保だけではなく旧来の因習から外れるという目論見があったことも間違いない。ともかく、とやかく五月蝿いことをいわれないところで、作品づくりに取り組みたいのは古今東西どこでも一緒のこと。ハリウッドも、その歴史を遡れば20世紀初頭、ニューヨークやシカゴの大手映画会社が集まって映画機材の特許を管理するカルテルをつくったことに始まる。困ったのは、カルテルから排除された製作者たち。

アメリカ製の機材を使えば、膨大な特許料を請求されてしまう。そこで、見つけた新天地がカリフォルニア州の片田舎。さすがに、そこまで逃げれば目が届かないから機材も使い放題。もしもの時は国境を越えてメキシコに逃げてしまえばよい。

そんなアメリカの事情から見ると、随分とスケールが小さくなってしまうが、ともあれ松竹が目指していたのは日本におけるハリウッドの建設であった。さっそく招かれたのがヘンリー・小谷という男。アメリカ人みたいな名前だが、広島県生まれの日本人である。幼少時に、両親と共にアメリカに渡り、現地のハイスクールを卒業したこの男、「フェイマス・プレイヤーズ・ラスキー（後のパラマウント）撮影所」でカメラマンをしていたというから、技術は一流である。この男なら、日本人だし通訳は不要、おまけにセシル・B・デミル監督（『十戒』とかの監督）も推薦状を書く程の腕前である。というわけで、トントン拍子に話は進み、彼は蒲田へとやってきたのである。こうして制作された蒲田製作所の第一回作品が川田芳子主演の『島の女』（１９２０年）。カメラワーク、照明の当て方、はたまた女優の演技までアメリカ仕込みの技術を駆使した、この作品は当時としては大ヒット。翌年に撮影された『虞美人草』では、日本で初めて多数のエキストラを使用したスペクタクルシーンが描かれる。

こうして、最新の技術と演出法によって、一躍日本映画界の中心地となった蒲田。撮影所での製作本数は約１２００本にのぼった。慌ただしい製作の連続でも新技術の導入と研究は並行して続けられ、１９３１年には、国産初のトーキー映画『マダムと女房』も、ここで製作されたのである。

ところが、トーキーの登場によって蒲田製作所は困難に直面する。気がつけば、蒲田の街もどんどんと発展し周囲は町工場と歓楽街。トーキーを撮影するには、あまりにも騒音が多くなりすぎていたのだ。これを理由に、１９３６年撮影所は大船製作所に移転することになり、蒲田製作所の歴史はわずか16年あまりで幕を閉じたのである。

そして現在、製作所跡地には大田区民ホール・アプリコが建っており、撮影所正門の前に立っていた橋の欄干だけが残っている。それ以外に、かつての映画文化の中心地だったことを示すものは、ほとんどない。

それどころか、今や蒲田にも映画館はたった2館のみ。最盛期には30館あまりの映画館が軒を連ねたというが、もはやその面影は、一片もない。残された「蒲田宝塚」「テアトル蒲田」と、名前からして昭和を感じさせる二つの映画館の所在地は、東口商店街の奥にある「蒲田文化会館」というこれまた、昭和の香りを残す名前の建物の中である。この建物、映画館にスーパーに、雀荘、ゲームセンターなどの入居する古いタイプのレジャービルで、これはこれで味があるのだけれど、かつての映画の街がこれでは、ちょっと寂しすぎる。いまでは大田区で映画といえば、大森にある「キネカ大森」。1984年にオープンした日本初のシネコンで、マニアックなアジア映画を上映している映画館としても知られている。

もはや「蒲田行進曲」すらも忘れ去られようとしている21世紀の今、大田区民の胸に去来するものは、なんであろうか。とりあえず、映画と街の歴史を愛する大田区民ならば、歌詞ぐらいは全部覚えてもよいのではないだろうか。

# 第４章
# 羽田ブルーカラーエリアは大田区のネイティブなのか

# 昭和から時の止まった街
# JR・京急エリアは一味違う！

## 地の果てを感じるエリアがいっぱい

商店街が賑わう蒲田駅西口と違い、東口は奇妙なエリア。「京急蒲田駅近道」と書かれた矢印を辿って歩いていると、休日も絶賛営業中の風俗店。おまけに「キャバレー」と看板を掲げた店まで現れる。

そうしたエリアを抜けると見えてくるのが、京急蒲田の商店街。かつては「京浜蒲田」という名称のほうが、親しまれていたようで「京浜蒲田の○○」と冠した宣伝文句を、現在でも目にすることができる。

駅の高架工事に合わせて再開発も予定されているようだけど、未だに昔ながらの店がいっぱいだ。大田区は金持ちと貧乏人が混在している街なのだけれど、このあたりに来ると、どちらかというと貧乏な層のほうが圧倒的だと思えてくる。

それでも一応、ターミナル的な京急蒲田駅周辺はまだマシ。

雑色駅とか六郷土手駅を降りると、そこにはもはや東京23区とは思えない風景が広がっている。雑色駅の商店街は、都心部では、ほぼ消滅してしまったような個人商店が軒をならべ昭和の香りを醸し出してくれる。商店街は、葛飾区あたりと同じ、昔ながらの匂いを放っていて懐かしい気分にさせてくれる。ところが、商店街を一歩出ると、京浜東北線と東海道線の巨大な踏切が姿を現す。まるで、雑色の存在など無視するかのように、猛スピードで疾走していく電車を見ていると、時代にすら見捨てられて、取り残された気分になる。

## 対岸は超近代的　23区の誇りは皆無

雑色駅よりも悲惨な雰囲気を漂わせているのが、六郷土手駅だ。

まず、この駅は通過列車が多いにもかかわらず、ホームが狭くて危険。慣れていないと、少しばかり緊張してしまうだろう。大袈裟かもしれないが、酔ってる時には降りたくないホームである。

通過列車に注意しながらホームを後にして、階段を下り、高架下の改札をくぐるとすぐに道路に出る。

一応「商店街」の看板はあるのだけれど、商店そのものはほとんど見あたらない。駅の名前の通り、駅のそばはすぐに多摩川の土手だ。そこに登れば、見えてくるのは対岸に広がる川崎の近代的なビル群である。それに対して、足下には昭和から変わらない町工場やアパートばかりが広がっている。

最寄りにターミナル駅もなく、すべてから取り残された感覚の京急線沿線。昭和の残照は、観光地としての価値すら持っていない。

京急蒲田と JR 蒲田を示す標識。あのー、同じ蒲田駅でも徒歩 10 分以上離れているんですけど……

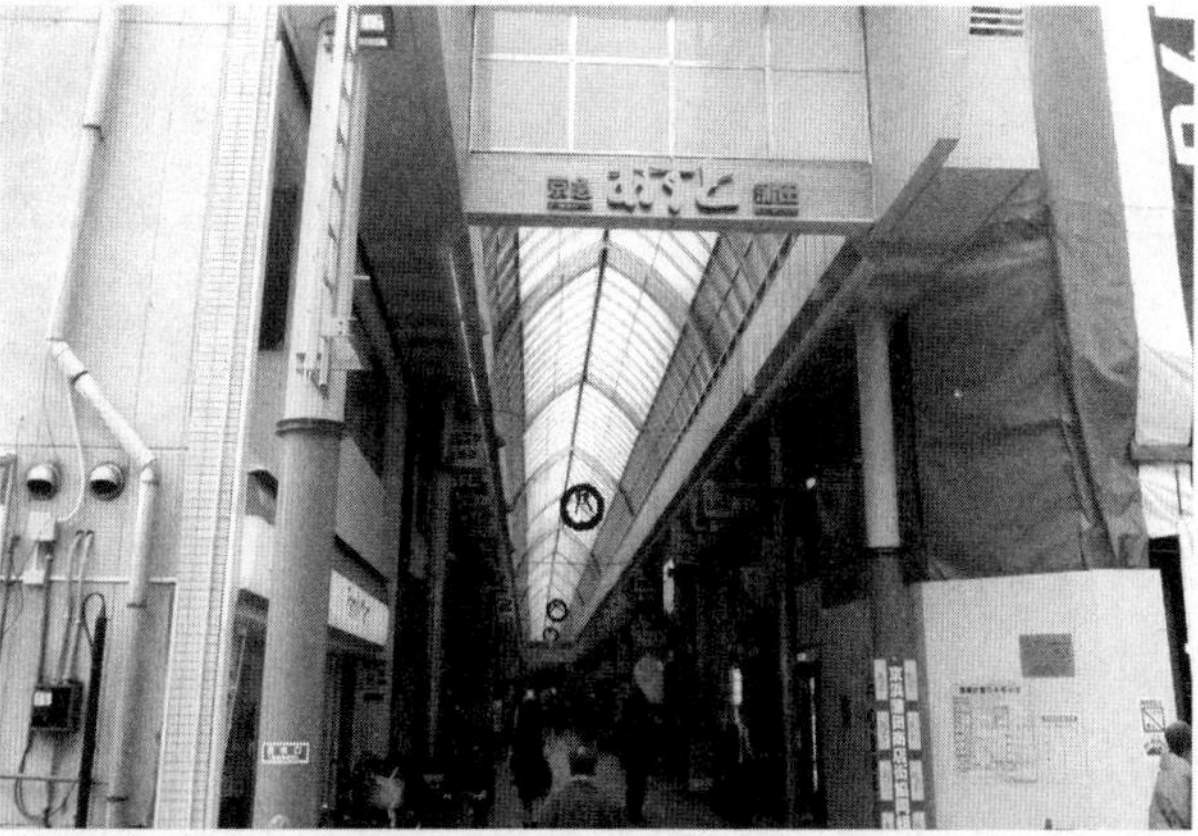

京急あすと蒲田。京急蒲田西口にある商店街。看板は「京急」だが商店会の名称は京浜蒲田商店街協同組合

# 大田区内に隔離地域を形成する京急・東京モノレール連合

## 大田区を意識しないモノレールの悲惨

羽田空港へのメジャーなアクセス路線である東京モノレール。10ある駅のうち7駅は、大田区内に所在するが、大田区民にとって、メリットはほとんどない。そもそも、完成当初は浜松町〜羽田空港間にはまったく駅が存在せず、単に通過するだけだった東京モノレール。駅が出来ただけでもだいぶマシになったともいえるのだろうけど、そうした途中の駅の存在が顧みられることはまずない。羽田空港方面からは大田区内のいかなる路線の駅にも接続することなく、ターミナルの浜松町に接続しているのが、その大きな原因だ。

東京モノレールの駅近くに住んでいる人なんてほとんどいない。数少ない沿線の通勤客のほぼすべては浜松町で山手線に乗り換えて利用する形態。大田区には、まったく金が落ちてこないのである。このため、モノレール沿線は大田区の隔離地帯となっている。大田区の他の地域とは、一応バスで接続されているのだけれど、やはり使い勝手は悪い。

例えば、大田区の葬儀場である臨海斎場は、東京モノレールの流通センター駅から徒歩が最寄りという立地である。バス利用しようにも、バスは大森駅からしか出ていない。大田区民でも住んでいる場所によっては、一度浜松町まで行ってから、東京モノレールで行った方が早い場合もあるほどだ。

東京モノレール沿線は、単にイメージだけでなく、交通アクセスの悪さから本当に隔離地帯になっている。これは、大田区が羽田空港から受ける恩恵が少ない原因のひとつとなっている。大田区がもらうのは、騒音ばかり。その原因はモノレールにあるといっても過言ではない。

## 蒲田・大森の存在を完全無視する京急線

モノレールと同じく、大田区の存在を無視して、区外のターミナル駅に接続されているのが京急線だ。

現在では、空港アクセス線だと大々的に宣伝しているけれども、1999年に延伸開通するまでは、神奈川のど田舎と繋がっている単なるローカル鉄道であった。現在、大田区内の各所で急ピッチで線路の高架化工事が進められているが、ローカルな雰囲気を払拭できてはいない。

地図上では、京浜東北線に併走している京急線だが、町の雰囲気がまったく違うのは先に述べたとおり。典型的なのはJR蒲田と京急蒲田。京急蒲田は、見るからに隔離された町でJR蒲田周辺に住んでいる人が京急方面まで出かけることはまずない。京急沿線住民が、つながりがあると感じている町は、品川であったり、その先、都営浅草線で接続している都心の街なのだ。

大田区西部の中心地は、なにをおいても蒲田と大森の二つの街。ところが、京急沿線住民は、この街の存在をまったく意識することがないのだ。そもそも京急の前身にあたる大師電気鉄道が開通したのは、1899年。当初は六郷橋〜大師（現・川崎大師）の間、わずか2キロという短距離の鉄道だった。ここを皮切りに南北に路線を発達させていった京急線が目指したのは同時期に欧米で発達しつつあったインターアーバン。すなわち、都市間を結ぶ電気鉄道である。この定義は様々あるが、市街地では併用軌道、郊外では専用軌道を走行する（電車を利用するので機関車よりも設備が簡便なため）ことや、旅客輸送を主な収入源とすることがあげられる。この目的のために1905年には神奈川〜品川まで路線を開通させているが、この時点で東京市内の路面電車への直接乗り入れも検討されていた。つまり、京急線は当初から現・大田区を飛び越えて神奈川県の各都市と都心を、どれだけ高速で結ぶかに重きを置いていたのである。当時の資料を見ると、現・大田区の扱いは、観光地。大森海岸での海水浴、電車を使っての穴守稲荷と川崎大師への参詣が当時賑わったスポットである。やがて、東急に先んじて沿線の宅地開発も行われるようになったが、開発されたのは生麦など神奈川県内がメイン。同時に、川崎では工場用地を開発するなど、あくまで開発の主眼は神奈川県方面に向けられていた。そして、観光事業もやがて、浦賀方面まで路線が延伸されると、そちらに重きが置かれていくようになる。そして、決定的なのは1968年に、都営地下鉄への乗り入れが始まり、開業以来の悲願だった都心への直結が可能になった。これによって、既に1904年から準備されていた、広軌（線路幅が新幹線と同じ規格）を存分に生かし高速輸送が始まることになる。大森町駅あたりの京急線のホームに、1時間も立っていれば実感できるだろうが、とにかくあらゆる列車が通過していき、いったいどれだけ待てば各駅停車が来てくれるのだろうかと、不安になることしきりだ。

そんなダイヤが組まれているのも、当たり前。京急が重きを置いているのはあくまで、東京と川崎、横浜を高速度で接続すること。ゆえに、大田区内の駅は、いらない駅のような扱いを、今後とも永遠に続けられるのである。

## 都心に近いのに見捨てられた町

不思議なのはモノレールも京急線も、都心にはちゃんと接続していることである。にもかかわらず、京浜東北線や東急線に比べて、明らかに街がショボイし、イメージも悪い。

なんとなく不便な感じのするモノレールはともかく京急線は、高規格の列車で、少々の事故があっても、運転再開スピードの速さで知られている。にもかかわらず発展しない理由は、やはりもともとが漁師町だったこと、その後は工業地帯として発展してしまったことにあるだろう。

つまり、古くからの住民が多数暮らしていて、街がある程度出来上がっていたことに加え、発展する方向を間違えてしまったというわけである。ぶっちゃけ、京急沿線のイメージを聞くと、大田区民でも、元漁師町、工業地帯というキーワードを使って、ネガティブな言葉を吐く人が多い。隔離地域になってしまったのは、単に東西の交通機関がショボイだけではない、土地の歴史性が、大きく関係していた。そんな見方もできるのではないだろうか。果たして、モノレールや京急沿線に発展する方法はあるのか？

京急電鉄本線の車両。久里浜行き。あくまでも京急蒲田なんか通過駅のひとつにすぎないのである

羽田空港直結が売り物の京急空港アクセス線。エアポート快速特急の大田区内途中停車駅は京急蒲田駅のみ！

大田区内の京急沿線沿いの町はとにかく発展しづらい。だから街並みもちょっとさみしい

穴守稲荷。堤防の「穴を守る」ための神社。戦前はこの名称から花柳界からの鳥居寄進が多かったそうだ

# 都営アパートに公務員宿舎 大田区の団地は羽田エリアに集中

## 団地でイメージが悪い東京湾岸地帯

都市の郊外は様々な形を取る。田園都市型の都市計画が確立している地域では都心部に商業施設が集中し、郊外は整備された住宅地となる。もっとも、都市計画が絵に描いたように上手くいくことは、まずない。田園都市の形態は初期の提唱者であるエベネザー・ハワードがロンドン近郊で、その後影響を受けた者たちによってドイツの各地でも計画されたが理想通りになったものはない。本来、田園都市の理想は職住が近接しているもののはずなのだが、大田区の田園調布もそうであるように単なるベッドタウン化しているものばかりである。

東京23区全体を見回しても、都心部とされる山手線をぐるりと取り囲むようにように住宅地が広がっている。放射状に伸びる鉄道路線に沿ってベッドタウン化した郊外住宅が、どこまでも広がっている。

このベッドタウン化した郊外も、中身は様々である。23区よりもさらに外縁に位置するいわゆるニュータウンには、完全にほかの街から孤立した地域も少なくないことは、よく知られている。ところが、23区内にあっても交通インフラが脆弱で、車がなければ生活が困難な地域、ある意味、棄民化された地域は存在する。車がなければ生活が困難な地域であっても、田園調布のように一定水準以上の所得を持つ人々の暮らす地域であれば、まったく問題はない。だが、所得が低い階層の人々が住む団地が並ぶ地域は、どうだろう。そこには、外界から半ば隔絶された、特別地域が形成されているといっても過言ではない。

地域批評シリーズの一冊目である足立区は、区の北半分がほとんど東京の街とは隔絶された特別地域を形成していた。

これほどの規模のものは23区では、ほかには見られないが、ほとんどの区は内部に団地という形を装いながら所得水準の低い層を押し込める地域が存在している。

大田区から品川区、江東区の湾岸エリアには港湾施設に、這うように巨大な団地地帯がいくつも続いている。江東区は辰巳から東雲、品川区は八潮、そして大田区には平和島といった具合である。

緑豊かな（とされている）田園都市を備える一方で、うらぶれた団地の存在も、大田区を語る上では避けて通れない問題である。

## 露骨に外縁部に追いやられた団地

大田区の団地分布は露骨である。単に海側に多いというレベルではなく、ほぼすべてが海側に集中させられている。どこの区でも、少々辺鄙でパッとしない街に低所得者層が集まった団地が集中している様子を見ることができるが、これは余りにも露骨である。

こうした地域は治安が悪いと思われがちだが、実際の犯罪発生件数は大田区のほかの地域とさほど変わらない。第2章では蒲田警察署管内の治安の悪さについて触れたが、犯罪のほとんどは蒲田駅周辺に集中しており、京急線沿線も東急線沿線も、治安はさほど変わらない。

ところが、大田区在住の人に聞いてみると、犯罪集中地帯の蒲田の住民ですら、京急線沿線、特に湾岸部の団地を指して「あのあたりは、治安が悪いから……」と眉をひそめる。東急線沿線住民など、いわずもがなである。こうした思考は、品川区民にも共通していて、京浜東北線よりも西側に住んでいる品川区民は「八潮は怖い！」と、当たり前のように話す（江東区はちょっと違って、東雲や辰巳は都営住宅と高級マンションが入り交じるカオスとなっているため両者が揃って「亀戸のあたりは危ない！」と口を揃える）。

つまり、治安が悪いというのはあくまで、ほかの地域に暮らす人々が造り上げたイメージに過ぎない。それでは、なぜ湾岸の団地地帯が「悪いヤツはみんな友達」と話しているような、ちびっ子ギャングが集うブロンクスのようなイメージを持たれているのか。それは、あまりにも都営住宅やら区営住宅やらが集中しているからにほかならない。こうした住宅が、所得の低い階層の人々を対象にしていることは、まぎれもない事実である。例を挙げると大田区の区営住宅の入居基準は、独身の場合には所得が227万6000円までの人。また、家族5人の場合は341万6000円までと定められている。就職したばかりの20代の独身サラリーマンならば、一人暮らしで年収200万台なんてざらにいるだろうけど、家族5人で300万円台だったら、明らかに貧困そのもの。これればかりは、否定できない事実である。

もちろん、所得によって人となりのすべてを推し量ることはできない。しかし、所得が低い＝学力も低い＝犯罪というイメージを、多くの人が共有しているのは確かである。こうしたイメージが流布する背景にある、集団的無意識の闇の部分が、なによりも恐ろしい。

## 公務員住宅も多い大田区の海沿い

実際、大田区の海沿いにあるのは、貧困が著しい団地ばかりではない。エリートも暮らす、公務員住宅も数多く存在する。公務員住宅というのは、なぜか辺鄙な土地にあるもので、霞が関で働く人々が、千葉県の奥地から遠距離通勤しているのも、当たり前だ。大田区には萩中の財務省、西糀谷の国交省宿舎な

官庁宿舎の多くは「○○省宿舎」などとは明記されておらず、一見普通のマンションや都営住宅に見えるものも存在する

どがあり、筆者の知人の文科省で働くエリートも、夫婦で平和島の官舎暮らし。曰く「車でお台場に近くて便利」だとか。こうした官舎は都営アパートの向かいにあったりするが、微妙に「高級感」をアピールしている建物が多いのが特徴だ。海沿いはビンボー人ばかりというのは、やはりつくられたイメージに過ぎない。でもガラは悪いよね。

# 大田区の漁業は今どうなっているのか

## もはや歴史と化した大田区の漁業

かつて漁業を基盤としていた大田区は海沿いを中心に発展した街であった。どこの自治体でも○○音頭というのがあるように、大田区にも大田区音頭というのがある。この歌詞は、一番に歌われるのは梅屋敷、続いて多摩川の鮎、海苔を自慢し羽田空港に触れていくものだ。

かつての大田区は、海水浴場が設けられるほどの田舎町であり、うらぶれた漁村であった。しかし、湾岸が漁村から京浜工業地帯の一角に取り込まれていく中で、それらは姿を消していく。現在、大田区の海岸のほとんどの地域は埠頭となり、巨大なコンテナクレーンが林立する立派な港湾となっていて、かつての面影を残す場所は少ない。

唯一、現在でも漁村の名残をかろうじてとどめているのは、多摩川河口付近であろう。穴守稲荷の鳥居の手前、六郷川（多摩川）を渡る橋の欄干は、かつて、この地が海苔の養殖で栄えたことを示すレリーフで彩られている。そして、周囲にはいまだに釣り船を持つ船宿があったり、水上に突き出た桟橋の上にトタン貼りの小屋がいくつか残存している。

その先、海側には羽田空港へと続く荒れ地が広がり荒涼とした風景は、うらぶれた感じを一層高めているのである。

## 海苔養殖の終焉と港湾開発の拡大

戦後、経済が復興して行く流れの中で東京湾は複雑な事態に直面していた。港湾法によって港湾機能の確保を求められる地域と、漁業法によって漁業権を認められている地域とが、ほとんど重なりあっていたからだ。

ただ、戦後一気に漁業が崩壊したわけではない。戦後、しばらくの間、面積を狭めながらも残存していた海苔養殖は、最盛期を迎えている。戦前まで養殖された海苔は、生産者対問屋の図式にあり、値段の決定権は問屋の側に握られていた。取引の形態には庭先取引と持込取引のふたつがあった。

庭先取引とは問屋が、時期になると漁師町の生産者の軒先を見て回り、値段を記した紙切れを置いていく方式だ。そして生産者は、もっとも高い値段をつけた問屋に海苔を納める。持込取引は、問屋から資金を前借りして、生産された海苔はすべて金を借りた問屋に納めるというもの。いずれにせよ、家内制手工業的な貧しい漁村のイメージそのままの原始的な方法だ。

全国的にみれば、明治・大正期には既に、こうした原始的なやり方は消滅しつつあった。地方の生産地では生産者が共同で生産された海苔を出荷する制度が確立されているところのほうが多かった。ところが、大田区では江戸時代に作られた問屋との強固な関係が維持され続け、この前時代的なシステムが当たり前のように稼働していた。大田区の漁村では、末期に至るまで共同販売方式は導入されなかったのである。

コラムのページでも触れたように、長い伝統を持つゆえに、それが足枷となって、発展から取り残されていたのである。こうした気質は、産業の転換した現在でも根強く地域に受け継がれているといっても過言ではない。地域のズレた環境を作りだしているのは、この目に見えない代々受け継がれてきた歴史性だと、言い切ってしまおう。

さて、戦後になりようやく東京都漁業協同組合連合会の肝いりで、大田区の海苔生産者の間でも、共同販売事業が行われるようになる。特に昭和30年代から、技術革新により生産量が増大すると、伝統の問屋システムも江戸時代の形では対応しきれず、近代的な共同販売システムへの転換が促進される。こうして、戦後の海苔生産は問屋主導から生産者主導へとシステム転換を遂げたのだが、その歴史は長くは続かなかった。

## 開発と共存できず漁業が終焉

東京湾岸の港湾開発は、進展と共に漁民との間に軋轢をもたらすようになる。代表的な事件のひとつが、1958年頃から始まった浚渫土砂の処分問題である。当時、水深を下げるために東京湾各地では浚渫が行われていたが、その土砂の捨て場になっていたのが閑散期の海苔養殖場であった。というのも、海苔養殖はある程度水深の浅い方が、経費が軽減されるから漁民も、これを受け入れていたのである。ところが、土砂が捨てられるようになると、港湾の浚渫では出ないはずのヘドロが持ち込まれたり、気がつけば取り決め範囲外にも土砂が捨てられていた。これに怒った漁民たちにより1959年には約240隻の漁船が、海上にピケラインを張り巡視艇が出動する騒ぎも起きている。

その後、この事件は都による業務の監視、漁民への補償により解決を見たが、港湾の開発の中で漁業が、邪魔な存在になっているのは誰の目にも明らかだった。

そして、1959年頃から太平洋戦争中に工事を中断されていた大井埠頭の建設が始まると、事態は大きく動き出す。大森漁業に拠る漁民たちは漁業の継続を望み、大井埠頭の開発に激しく反対していたが、これはむしろ少数派で周囲の羽田浦や糀谷の漁民たちは、早くも漁業権の放棄を前提に補償交渉に応じる姿勢を見せていたのである。

東京都との交渉は、２年余りにわたって続き最終的に、東京都は各地域の漁民に総額２７０億円の補償金額を提示するに至り、ここに東京湾岸での漁業は終焉を迎えることになる。漁業を去った漁民たちは、補償金を元手にアパート経営、工場、商店などの事業者へと姿を変えたものが多い。また、土地を離れ田園調布あたりに家を構え、賃金労働者へと転身した者もあった。

東京オリンピックを境に、大田区から漁民は完全に姿を消すことになる。しかし、現在でも大田区には海苔問屋は数十社あり、毎年12月に大森海苔会館で行われる入札が日本全国の海苔価格の基準値になっている。また、アナゴ漁やアサリ漁を行っている漁師の姿も一部には見られるが漁業権が消滅した現在、その命脈はほぼ絶たれたに等しいだろう。

東京湾には現在でも漁業が行われている。江戸前ってのは江戸湾で取れた魚のことだけでぇ！

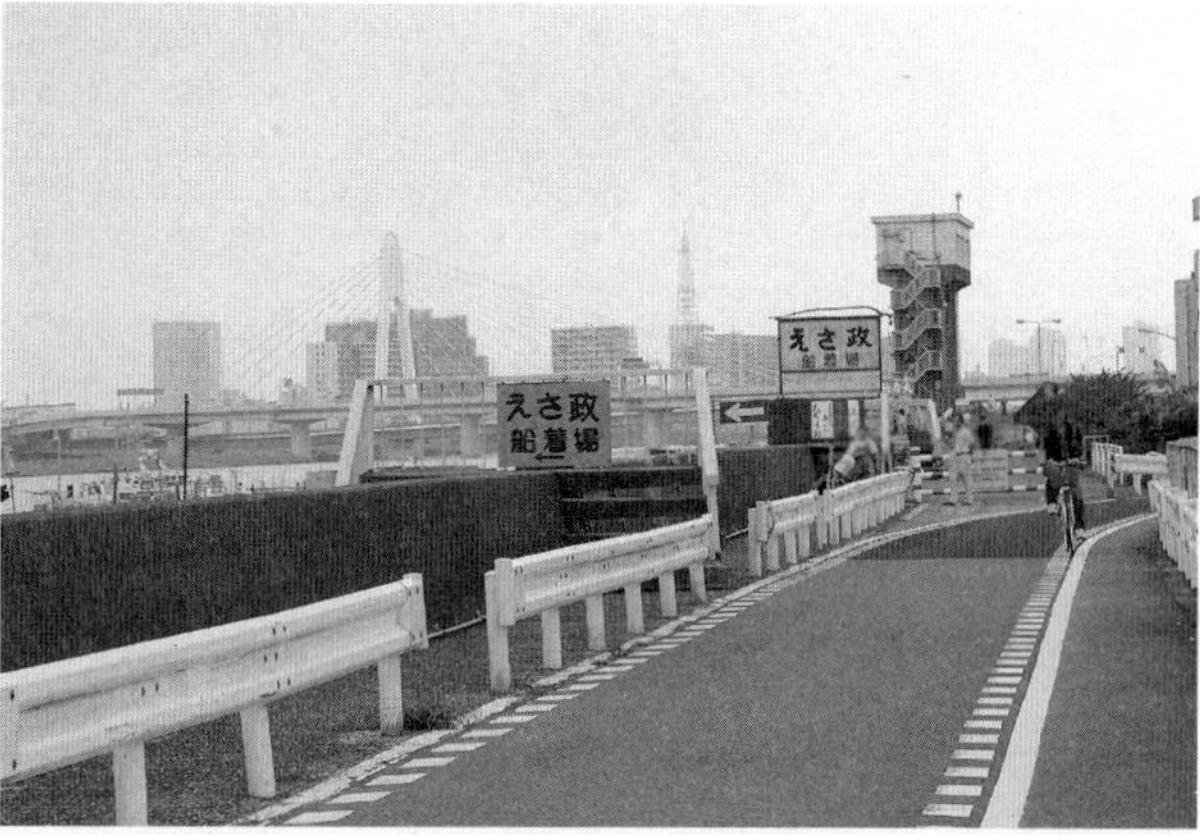


港は小さく船もそれほど多くはないが、街並みは非常に漁港らしい作り。堤防から釣りをしている地元民も多い

# 羽田があるんだから CAさんは大田区にいるんじゃないの？

## 空港があるからスッチーも当然？

最近は、男女関係ない職種になっているので客室乗務員＝キャビンアテンダントという、舌を噛みそうな名称になっているスチュワーデス。そもそもキャビンアテンダントなんて日本独自の名称で英語ではフライト・アテンダントだったりするから、ややこしい。

いうまでもなく、この職業は社会的に特殊な価値をもっている。古くは『アテンションプリーズ』『スチュワーデス物語』といったTVドラマの題材とされているし、短期間でも客室乗務員を経験した女性は、羨望やら欲情やらの眼差しでみられるのが当然。過去にも、この肩書きをウリにしていた人々は多数存在する（在職中なのに日本航空客室乗務員の肩書きでヌードになって、クビになったグラドルとか、ライブドアの広報をやっていた○○女史とか）。

たぶん、この職業が本領を発揮するのは機内で急病人が出たとか飛行機が墜落しそうなトラブルに巻き込まれた時だけだろう。そんな事態は、滅多に起こらないし、起こっては困るわけで、平穏無事に飛行機が飛んでいる限りは、実態はほとんど機内のウェイトレス役（昔はエア・ホステスなんて呼称も……）なわけだけれど、なぜか（特殊な意味で）社会的地位は高い。そして、羽田空港を抱える大田区はそんなキャビンアテンダントたちが、大勢暮らしている地域だとされている。

ほとんどの航空会社ではキャビンアテンダントが職業を明かして、ブログ等を開設することを禁止しているらしく、インターネットが発達した現代でも、彼女たちの生態は謎に包まれている。それでも、大田区が彼女（「彼」もいるだろうけど、本書では触れる価値がないので除外）たちの生息地域であることは、まぎれもない事実である。

というのも、彼女らは空港近くに住むことが義務づけられているからだ。某社の内規によれば、居住地域は空港から自動車の走行距離で40キロ圏内だそうな。

40キロ圏内というと、かなり広い。それならば、なにも大田区に住む必要はないように見えるが、その勤務形態が大田区外に住む可能性を狭めている。まず、出勤時間はフライトの１２０分前と定められている。朝の始発便だと、当然電車もバスも走っていない時間に空港に到着しなければならないから、必然的にタクシーで向かうことになる。最終便で羽田に戻ってくるとなれば、今度は帰りの電車もバスもなくなっている時間帯だ。もちろん、タクシーを活用すれば40キロ圏内ギリギリのところに、住むこともできるだろうけど、その分プライベートは出社・帰宅時間で削られていくことになる。始発フライトに間に合おうと思ったら、丑三つ時に起きて出発しなければならないことになってしまう。当然、無理である。

こうした勤務上の事情ゆえに、キャビンアテンダントは大田区内に居住することになる。というか、住まざるを得ないのである。

また、近年では職業としての価値が低下し薄給で働いているキャビンアテンダントが増えているのも事実。タクシー代も支給額が減ったのか、京急線を利用して空港まで出勤している人の姿も見かける。

## 主な住居は京急線　意外と生活は地味

さて、大田区といっても広いわけで具体的にどの地域に住んでいるのかも検証してみた。空港からもっとも近くて人家があるとすれば、天空橋駅周辺となるわけだが、このあたりにはあまり住んでいない。やはり、人家があるといっても物件自体が少ないし、なにより周囲になにもなさ過ぎる（喫茶店すら存在しない）。様々な情報を収集したところ、どうも糀谷駅、六郷土手駅あたりが、主な生息地であるらしい。また、穴守稲荷駅周辺も生息地として挙げられる。ここは、ホテルＪＡＬシティもあり、各種の研修施設も集中する地域であり、職住近接を考えるならば、便利なスポットである（なお、どこの航空会社も、寮の所在地はまったく公開されていないがＪＡＬの寮は雑色に所在する）。

冒頭に述べたように、非常に華やかな職業のイメージが強いキャビンアテンダントなのに、住まいが泥臭さ満点の京急線沿線というのは、どうにも腑に落ちない。しかし、実際、この職業は華やかさとは裏腹に非常に過酷な職業である。

この職業、正社員であれば年収600万円クラスなのだが、これは例外。今や正社員で雇用されている人の数は削減され、多くは契約社員。待遇は様々だが、時給で1200円程度からどんなに高くても1800円が限度。年収にすれば300万円にようやく届くか届かないかのラインとなる。バブル経済の後遺症なのか、いまだに「スチュワーデスというのは、毎晩合コンしたりして……」と、ホイチョイ・プロダクションみたいなイメージを持っている人も多いだろうけど、実態はこれ。ワーキングプアの一類型と呼んでも、おかしくはない職業なのである。これに加えて、勤務時間は朝だったり夜だったり変則的だし土日祝日も関係なし。それでも、ちゃんと仕事をこなしているのだから、非常に労働意欲の高い人々だと捉えることもできるだろう。

ちなみに、京急線沿線でオフのキャビンアテンダントを見つけるのは簡単だ。普段から人にジロジロと見られる職業だけあって、ブサイクはおらず、かつ一般人とは違う特殊なオーラを放っている。しいていえば、綺麗な女性は大抵キ

移動中の某航空会社のキャビンアテンダントさん。羽田空港周辺ではごく当たり前の光景だ

ャビンアテンダントだと思っても間違いではない。人も建物もすべてが泥臭くヤンキーじみている京急線沿線では間違いなく浮いているし、また、仕事の性質上やたら朝早く出勤していたり、かと思えば真っ昼間や、帰宅ラッシュ時に上り路線に乗っていたりと、その通勤スタイルも普通の人とは違う。誰にでも見つけることができるだろう。

羽田空港国内線第一ターミナルビル周辺。第一ターミナルは主に日本航空（JAL）便が使用

羽田空港国内線第二ターミナルビル周辺。第二ターミナルは主に全日本空輸（ANA）便が使用

# 唯一有名な平和島はヤンキー・ギャンブルスポット

## 大田区の特別地域　平和島エリア

平和島駅から大森海岸駅にかけては大田区でも特殊な雰囲気を醸し出す歓楽街である。少なくとも東急線沿線住民は、けっして近づくことがない。大田区では蒲田が治安の悪い地域として知られているが、平和島歓楽エリアは一般人が入り込んではならないような、見えない壁がある。

この特別地域のルーツは、戦前にまで遡る。当時、歓楽街として知られていたのは穴守、大森海岸、森ヶ崎、大森新地、蒲田新地などだった。

現在の品川区南大井三丁目から平和島にかけての一帯は、古くから潮干狩りや海水浴のメッカ・大森海岸として知られている場所であったが、同時に歓楽街としても知られていた。

一口に歓楽街といっても、業種は様々だ。前述の歓楽街は、戦前の区分で二業地、三業地と呼ばれる地域であった。二業地とは警察から芸者置屋と料亭の営業が許可された地域。三業地とは、芸者置屋、料亭と共に待合が許可された地域のことである。待合というのは、表向きは芸妓を呼んで飲食をするところであるが、実際には寝具も備え、売春の場所としても機能していた。つまり二業地よりも三業地は、さらにいかがわしい場所ということである。なお、どちらも表向きは女性をはべらせて飲食をする場所というのが建前であって、堂々と売春が公認されていた赤線とは事情が異なる。なお、現在の大田区を含めて東京の城南地域で赤線地帯は唯一、武蔵新田社交街だけである（現在、スーパーが建ってる裏あたり）。それらしい雰囲気は、ほとんど消滅している）。

さて、昼は海水浴と潮干狩りが看板の風光明媚な観光地、夜はいかがわしさの溢れる歓楽街として栄えていた大森海岸一帯。その中でも大いに賑わったのが、現在の大森本町二丁目に位置する大森新地である。埋立地の上に開かれた、この新地の始まりは大正末期。関東大震災で打撃を受けた芸妓屋が郊外に新築したほうが安上がりだと、大挙して移転し始めたことに始まる。こうして、開かれた大森新地は昭和前期に最盛期を迎え、その後、昭和30年代まで命脈を保った。

埋立地に位置する、この歓楽街は東は海、南北は川、西にある堀割にのみ3本の橋がかかり、出入りができたという。訪れる者にとっては、まさに別世界の入り口になるわけだが、他方、中にいる者にとっては逃げ出すことのできない地獄であったことは容易に想像できる。

大森一帯では現在でも、数軒の料亭跡らしき建物をみることはできるが、痕跡はほとんど消え去ろうとしている。今でも、いかがわしい雰囲気に溢れているのはかつて大森海岸とよばれた品川区側の南大井三丁目周辺である。ラブホテルやソープランドが現役で営業しており、怪しげな雰囲気を放ち、京急線沿線の暗黒面を象徴しているのである。

## レジャーランドになった花街跡

さて、現在では大森新地の命脈を引き継ぐような店舗はなくなってしまったが、それでも、平和島一帯はいかがわしさ抜群だ。

そして、その中心になっているのが平和島競艇場だろう。

この競艇場が、大森競走場として始まったのは1954年、当初は東京都主催で始まったものだが、売り上げは伸びず翌年には手を引いてしまっている。以来、競艇場は府中市の主催によって開催され、現在まで続いている。競艇に無関心な人には知られていないが、この競艇に大田区はまったく関与しておらず、一貫して府中市の主催によってレースが開催されているのである（1960年から2004年までは神奈川県の津久井町などによる相模湖モーターボート競走組合も加わっていた）。

現在、競艇場は京急のグループ企業である京急開発株式会社の所有。企業の所有ということもあって、周囲は競艇場を中心とした、レジャー施設のメッカとなっている。シネコン、ボウリング場、パチンコにゲームセンター。さらに、大田区唯一のドン・キホーテも店を構えた「ビッグファン平和島」という施設名で、栄えている。

この、ビッグファン平和島は、平和島の街を象徴する施設であり、街の性格を決定づけるものだ。もともとは、競艇場に隣接する「平和島温泉」としてスタートした、この施設。その後「レジャーランド平和島」への名称変更を経て、2002年から現在の形にリニューアル。時代のニーズに合わせて施設の改変、拡充を図っているわけだ。

だが、平和島温泉時代に出版された京浜急行の記念誌『80年の歩み』には「百円温泉のはしり」との記述が。「百円温泉」とは聞き慣れない言葉だが、要は安く楽しめる施設といったところだろうか。その姿勢はよいだろう。ただ、それは結局、安かろう悪かろうで構わない低所得者層を集めることとなる。それに加えてギャンブル。ビッグファンに入っているパチンコ店は、設置台数1千台レベルの超巨大店だし（大田区最大、ついでに都内でもかなり上位）、競艇場ばかりでなく近くには大井競馬場。どんなに明るくオシャレな環境を目指そうとしても、博打場が安全で明るい街になることなどあり得ない。ガラの悪い

平和島競艇場の歓迎アーチ。好きな人にはたまらない（あるいは切なくなる？）天国＆地獄への門だ

街へ一直線である。

ただ、ガラが悪かろうと人は集まりカネは儲かる。風俗からギャンブルに切り替えたとはいえ、もう戦前から、いかがわしい街でやってきたんだ。いまさら、やめろというのも酷だろう。生暖かい目で、見守ってあげようよ。

これが平和島競艇場だ！　と思わず気合いが入る。一攫千金？　それとも歩いて家まで帰ることに？

大田区内で唯一ドン・キホーテが入っているビッグファン平和島。名前からしてギャンブラーっぽいね

# 超近代都市大鳥居　大田区有数のビジネス街にして人気は最低

## いくら頑張っても品川にはなれない

都市博（世界都市博覧会）が中止になった頃、つまり１９９５年頃の東京湾岸の風景を覚えている人は、どのくらいいるだろうか。バブルの時期にウォーターフロントという言葉が隆盛を極め、全国のあちこちで海岸べりの土地の開発が行われたり、アミューズメント施設がつくられた時代があった。その流れに乗って、先行していた横浜のみなとみらい21のような街をつくろうとした計画は、都市博の中止によって頓挫。バブル崩壊を象徴するかのように、しばし荒れ地となっていた埋立地だが、現在は誰もが知っているメジャーなスポットとなっている。

ここ10数年間の東京の変貌は凄まじい。お台場のように単に空き地に建物が建つだけならいざ知らず、過去の街の風景をまったく消滅させてしまうような、大規模な再開発もあちこちで行われてきた。例えば、品川駅の東口。ホテルが集中する西口に比べて、改札をくぐれば、すぐ港湾といわんばかりの寂しい風景だったはずなのに、今ではビルが立ち並ぶ一大ビジネスエリアになっているではないか。ほかにも天王洲アイル、品川シーサイドと、かつては、どんな街だったのか、もはや思い出せないほど未来的デザインの街が、生み出されている。

各所で、昭和の香りを漂わせている大田区が、唯一天王洲アイルや品川シーサイドと張り合える街。それが大鳥居である（正確には大鳥居は駅名でしかないが、これで通用するので問題なし）。

一大ビジネスタウン・大鳥居に本社を置く大企業として、よく取り上げられるのが居酒屋チェーンのワタミと、ゲームメーカー・セガ（本社は移転し現在は関連会社が残っている）。特にワタミは、大鳥居駅直近に本社を構えていることで、よく知られているようだ。この二つの企業を中心にして、大田区にも未来的なビジネスタウンが、存在しているハズなのだが、歩いてみると、まったく「ビジネス」の雰囲気が伝わってこない。

まずターミナル駅。街の中心となるのは大鳥居駅のはずである。この駅、環八と産業道路の交差点近くと、立地は、まさに街のど真ん中である。なのに駅はショボイ。ホームが地下式になっていることも原因だろうけど、駅舎からショボイ。もっとも品川シーサイドにしろ、天王洲アイルにしろ駅舎が立派かといえば、そうでもないので、ここには目をつぶろう。ただ、停車する列車は問題だ。この駅、快特とエアポート快特は通過である。あれ、ビジネスマンは一分一秒を争うんじゃないんだろうか、もしかして京急からもビジネス街として認識されてないのではなかろうかと不安がよぎる。いやいや、きっとハイレベルなIT化が進行していて、わざわざアチコチに出かけなくても、ビジネスが可能になっているに違いないよ。

それはさておき、この街のメインストリートは環八。この広い道路に沿って、ビジネス街が広がって……、いや……、まったくそんな感じはないんですが……。目立つ店は、ラーメン屋に牛丼屋、それに、立ち食い蕎麦屋。もちろん、どの駅も商店がショボイ京急沿線にすれば、店の数は多い。これらの店が、大鳥居で働く人々の胃袋を満たしているのはよくわかる。でも、ここいらの会社に勤めて、定年まで数十年の昼飯が、ラーメン、牛丼、立ち食い蕎麦だなんて……。しかも、どの店も、あまり個性が感じられないから、味もそこそこだということは容易に想像できる。

きっと、この街からよその街へいくと、軍隊か刑務所を出た直後みたいに、美味いものを食べた時の感動を得られるであろうことは間違いない。すべてが、働くためだけに出来ている、娯楽のない街。それが、大鳥居の実態である。

## 夜は寂しくて歩くと怖い！

労働だけに特化したこの街では、アフター5を楽しむことも困難だ。仕事の後の一杯を楽しみたいならば、一刻も早く、この街から脱出するしかない。京急線沿線はショボイ駅前ばかりだが、幸いにも交通インフラは完璧。バスに乗って、蒲田でも大森でも、川崎でも好きな方角へ脱出することができる。おそらく、働いている人々も「カネの為に仕方なくこの街で働いている」という思考。ゆえに、誰もが一秒でも早くと焦りながら街から脱出していく。午後9時を回れば、街を歩いている人の姿も、ほとんど見かけなくなる。土日の夜ともなれば、それこそゴーストタウン。

なぜか、土日も店を開けているラーメン屋が多いのだけれど、人の気配を感じることはない。ただ、惰性で開けているだけなのだろうか？

ここ10年あまりの間に完成したビジネス街は、どこも共通して無機質そのもの。多少、オシャレでオフィスは働きやすい環境かもしれないが、一歩外に出れば、飯を食うのも苦労しそうな街、なにを買ってもやたらと高い街が、ザラだ。大鳥居は、もっと酷くてオシャレでもない上に、なにもない最悪の街。こういった街に会社を移転してくる企業の経営者は、社員を単なる部品扱いしているのだろう。

## 気分はビジネス街　家賃は安くない！

とにかく、この街はビジネス街だというのにビジネスには、あまりふさわしくないことは確実。京急線を使えば都心に出ることはできるだろうけど、やはり遠い。家賃をケチったぶんだけ時間も損するし、結果的にビジネスチャンスを逃すことにも繋がるのではないだろうか。そのためか、事務所を構えている企業をみると、わざわざ都心に事務所を構えなくても商売をやっていけるような企業ばかり。そうした企業にはニーズがあるのだろうけど、ビジネス街としては二流以下の誹りを受けても仕方がない。それにしても、通勤ラッシュをかきわけて、辿り着く先が、サボって珈琲を楽しむことも難しそうな無機質な街とは、働いている人の気分はどんなものなのだろうか。

さて、悲惨さばかりが感じられる大鳥居。事務所家賃を見ると、あまりメリットが感じられない。表に示したとおり面積が22平方メートルくらいで家賃が約7万円弱。いや、このレベルだったら山手線圏内でもザラに存在する。

もし、都心から大鳥居に拠点を移す会社があるならば、それは先の見通しが立てられない会社だと自らアピールしているだけ。社員は、すぐに退職届を書き、取引先は売掛金の回収を行うことを、オススメする。

大鳥居駅は地下駅。京急蒲田から一応は交通至便で、近隣のオフィス家賃も安めなのだが……

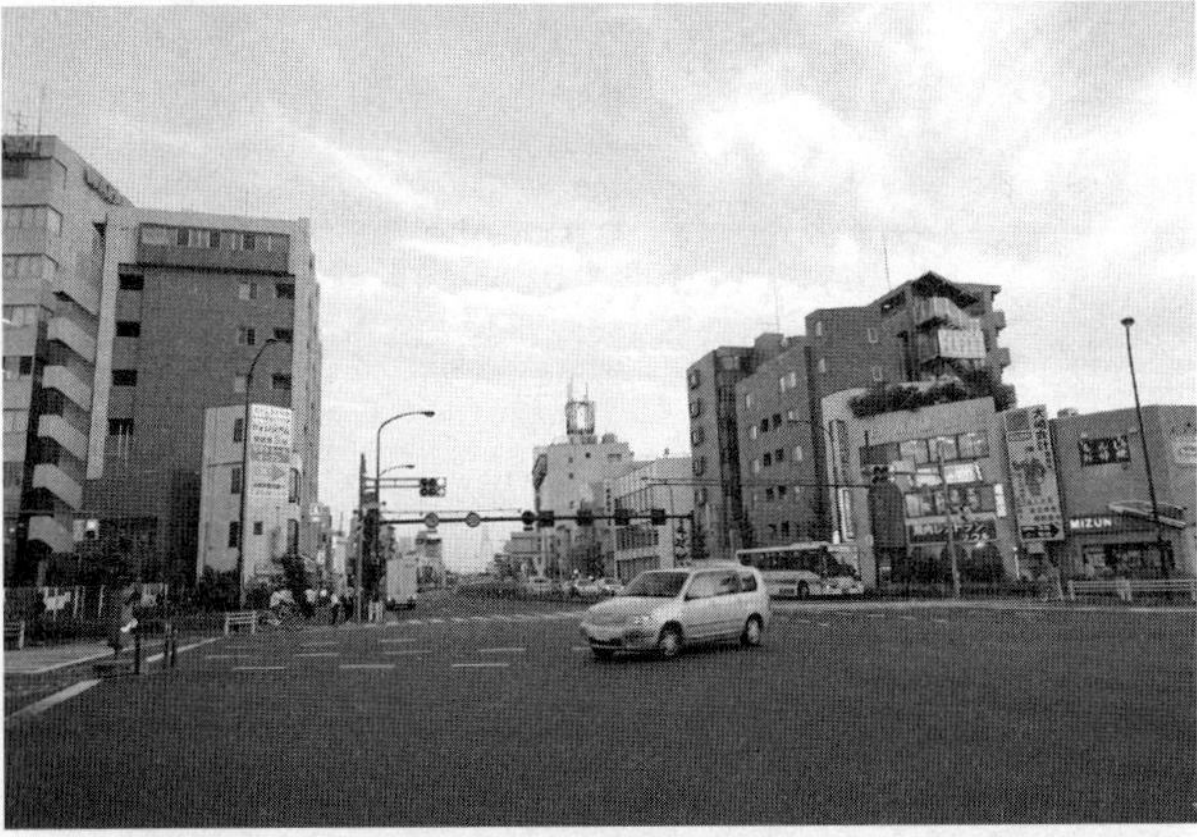

大鳥居交差点。有名企業が超至近距離。交差点から離れると大田区らしい町工場や中小企業があったりする

# 羽田空港の功罪とは
# 副都心方面アクセスの良さと区内他地域との分断

## すべての元凶は羽田空港だった

とにかくすべての交通機関が、都心に一直線になってしまっている羽田界隈。ここでは、羽田空港を中心に考察してみることにする。

いうまでもなく、羽田空港は利用客も多く、物流の一大スポット。にもかかわらず、大田区に恩恵がないのは、絶妙な都心への近さが第一にあげられる。羽田空港の国際化以降、ライバルになると思われる成田空港は、都心からやたらと遠い。朝早い飛行機を予約してしまうと、それこそ始発電車に乗っても間に合わないのなんて、当たり前。そのために、空港のある成田市には、空港利用者のためのホテルが軒を連ねている。

おまけに、交通機関も不便。単なるローカル線ムードを漂わせている京成線で向かうか、通勤電車テイストのＪＲ線で向かうか、いずれにしても、まず到着する前に疲れてしまう。たとえ特急やグリーン車を使っても同様だ。時間が、さほど短縮されるわけではないから、無駄に金を使っているようなもの。

それに比べて、羽田空港はアクセス路線が山のようにある。時間なり財布に合わせて、自由に選択することが可能だ。一番安いＪＲ蒲田駅発着の路線バスを使うルートだと、通常のバス料金だけで空港に乗り入れできるわけで、財布は快適。もっとも時間は、随分とかかってしまうわけだが……。もちろん、金に糸目をつけないのならばリムジンバスで快適に都心のターミナルへ行くこともできるのである。

都心と空港を結ぶだけで、あとはおかまいなしという傾向が強まったのは、１９９８年に京急線が羽田空港新ターミナルへの乗り入れを果たしてからである。かつて、羽田空港へのアクセスは、モノレールの独壇場。というか、モノレール以外はバス程度しかなかった。京急はというと、現在の天空橋駅が羽田駅という名称で営業。なんと、空港の傍にあるというのに、さらにバスに乗り換えないと到着できないという不便さだったのだ。

それが、新ターミナル開業と共に乗り入れるようになったことで、状況は変わった。競合するようになった2路線は、互いに競い合いモノレールも快速運転をするようになったのである。こうして、空港以外の途中駅は、スピード競争の中で、まったく顧みられなくなっていく。

とにかく、様々な路線が競い合っている羽田空港はアクセスが抜群にいいわけで、まったく大田区の世話になる必要はないのだ。大田区が羽田空港からもらうのは、騒音ばかりなのである。

## 魅力的施設が皆無　誰も近寄らない

もちろん、大田区にだって空港と関連する商業施設が皆無なわけではない。蒲田に点在するビジネスホテルは、どこも羽田空港へのアクセス至便がうたい文句となっている。とはいえ、飛行機が朝早いからと前日から付近に宿泊している人がどれだけいるのか疑問だ。よほど、朝早い飛行機に乗る人以外は、利

羽田空港から直接つながる路線図

用する価値はない。前述のようにアクセス至便な羽田空港だけに、各交通機関の始発は、モノレールがモノレール浜松町駅発、午前5時ちょうど。京急が、品川駅発午前5時2分。もっとも便利そうなのが、リムジンバスで、東京都内の各所はもちろん、北関東とも接続されており前橋バスセンター発午前2時20分という便もある（所要時間約210分）。やっぱり羽田は成田に比べて微妙に都市部に近すぎることが、マイナスに作用していると、見ることができるだろう。

インフラの整った羽田空港はとにかく都心に近い。東京はもちろん、新宿や渋谷にも1時間かからない範囲である。この近さゆえに、地方から朝一番の便で飛び立ち仕事をこなして日帰りも当たり前のように行われているし、その逆もしかり、である。また、近年、東京湾岸の埋立地などが開発され、お台場・天王洲アイルなどの新たなビジネス街となっていることも、非常に有利に働いている。こちらも、図の通りメチャクチャ近いのである。これでは、わざわざ大田区で宿泊するとか、途中下車して食事や酒を楽しむ必要など、生まれるはずもない。

## 再国際化によって隔離は解消するか

もはや、羽田空港によって大田区が発展する可能性は、皆無なのではなかろうか。空港がらみで発展する可能性が唯一あるとすれば、物流だけである。

現状、国際空港の地位は成田に取られてしまっているわけだが、ただでさえ空港反対運動が根強く続いており、周囲を農地に囲まれた成田空港が、これ以上拡大することは難しい。それに対して、現在羽田はＤ滑走路を拡張しているように、ある程度限界があるにせよ、臨海空港の長所を生かして拡大する余地がある。

羽田空港の再国際化をめぐっては、成田空港を擁する千葉県が反対したり、非常に困難を極めているが、アクセスの利便性を考えれば、当然の流れである。再国際化により、貨物機の発着が増大すれば、周囲に物流拠点ができるのは必然。それにより、羽田空港周辺の地域が潤う可能性は十分にあり得る。旅客に関しては、都心へのアクセスがよい以上、大田区に足を向けさせるのは困難だが、物流に関連する人々を相手に、ビジネス拠点を生み出すことは可能だろう。

ただ、もし物流拠点ができたとしても、問題は多々ある。隣接する湾岸の街は、昭和さながらの古ぼけた感じそのままだし、ほとんどが住宅地である。スムーズに再開発を行うことができるかは、大いに疑問だ。また、蒲田・大森方面へのアクセスを考えなくては、今まで以上に湾岸だけが隔離された地域になってしまうことは容易に想像できる。

物流拠点が出来て、区は法人税で潤うだろうけど、ただそれだけならば、まったく無意味。いま、大田区は交通インフラや都市計画の再考を行う時期にきているのではないだろうか。

2010年10月以降の国際線拡充に備えて急ピッチで進む国際線ターミナル。大田区の国際化につながるの？

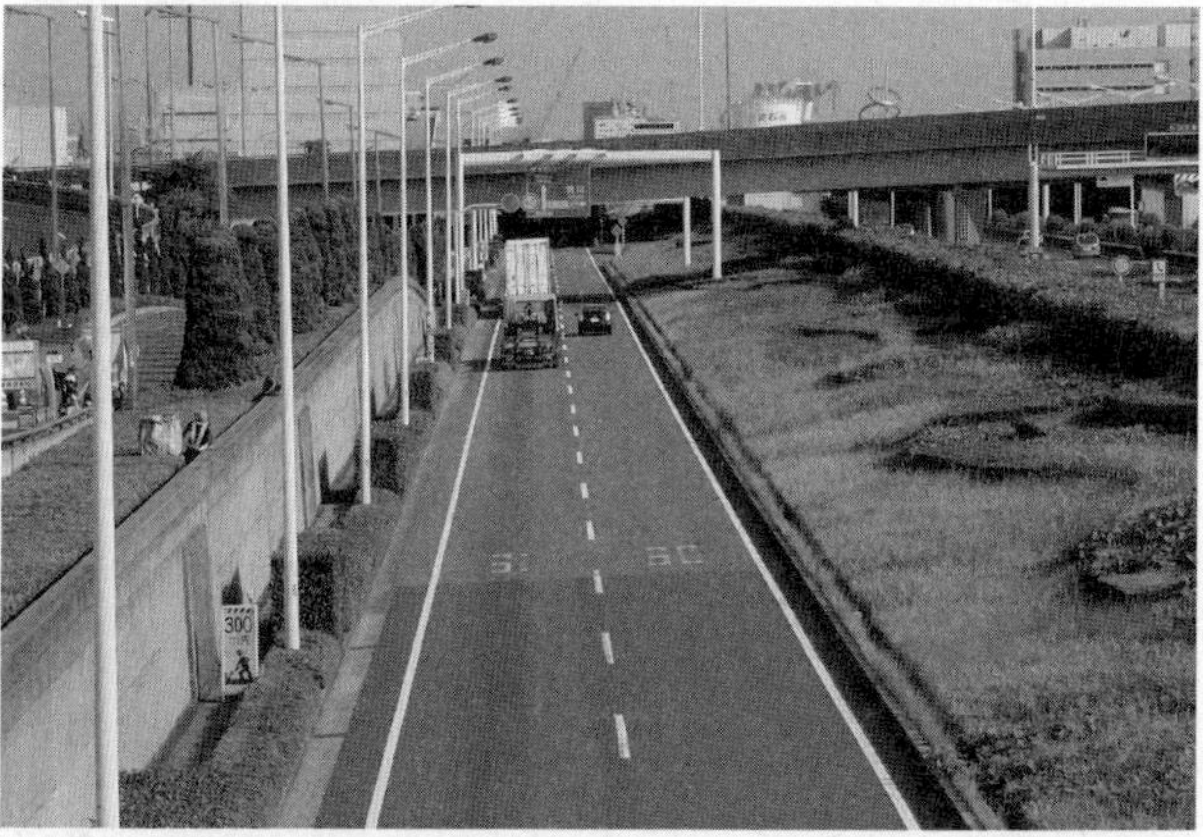

首都高羽田線や湾岸線なら都心へのアクセスは完璧。大田区には排気ガスだけを残していく

# 大田区の異端児は東京の寵児となるか
# 羽田エリアの未来はいかに

## たとえ国際化されても無理

ここまで触れてきたように、羽田を中心とする大田区の海岸地区は、とにかく不便そのもの。

たしかに区民が都心に出るには便利かもしれないけれど、大田区の経済におけるメリットは皆無である。

交通の便の悪さばかりは、どうしようもない。そもそも羽田空港〜蒲田をつなぐのが単なる路線バスなのが、大田区のショボさを全国に喧伝しているような気がする。このままでは、今後羽田で建設中のD滑走路が完成し、国際化が進められても大田区は単なる通過地帯になってしまうだろう。

ところが、大田区は現在進められている羽田空港の再拡張事業を、大田区の未来を考える上で切り離すことのできないものとして扱っているようだ。２０１０年に羽田空港Ｄ滑走路が完成すると、羽田空港の能力は現在の年間発着陸回数約30万回から約40万回へと拡大。もちろん、発着陸回数が３割増になっただけでは通過地帯の現状は変わらないわけだが、大田区が目論んでいるのは、これに伴って発生する空港跡地の利用である。再拡張によって、天空橋駅付近には約53ヘクタールの広大な土地が発生する。大田区は、この土地にホテルなどの商業施設や、文化施設を設けることを計画している。ただ、この計画は２００８年に各エリアの概要を決め、ただ今、進行中である。ただ、大鳥居のように孤立したビジネス街になってしまわぬようにしてもらいたい。

## 結局は鉄道だより　京急とＪＲの接続は？

なんだかんだいって、大田区の悲願は羽田空港利用者が、もっと大田区に立ち寄ってくれる機会を増やすこと。そのために、長らく構想されているのが蒲蒲線の建設である。この計画は、現在、徒歩で10分あまり離れているJR蒲田駅と京急蒲田駅の間を線路で繋ぐもの。

ただし、この計画は長年にわたって構想ばかりが一人歩きしている状態で、2009年現在、まったく具体的な内容は定まっていない。大田区の資料では、この路線が完成すれば羽田空港まで40分以内にアクセスできる範囲が、多摩川駅まで延伸されるということなのだが、どうも効果がわからない。空港で働く人々が多摩川線沿線に居住するようになるということだろうか？　建設費は1000億円近くかかるといわれているのだけれど、とても割に合うとは思えない。

明らかなのは、この計画を本気にしている人は、ごく僅かだということ。京急沿線は、蒲蒲線など考慮することなく全線の高架化工事を行っているし、JR蒲田駅だって再開発した駅ビルを、また取り壊せということになってしまう。夢ばかりが膨らむ羽田エリアの開発。大田区が恩恵を受ける可能性は極めて低い。この問題については、後で詳しく説明する。

大田区コラム ４

# すべての人は川崎へ向かう

大田区のもっとも身近な大都会は、川崎である。

もちろん一部地域では「渋谷でしょ？」という意見もあるかもしれないけれど、街がコンパクトにまとまっていること、使い勝手の良さなど様々な点で渋谷はけっして川崎には、かなわない。一例が、家電製品。渋谷にもビックカメラはあるけれど、とても十分な品数を揃えているとは思えない。

ともあれ、政令指定都市になっているだけあって川崎は大都会である。神奈川県という土地柄ゆえにか、どうしても洗練しきれない泥臭さは残ってしまうのだが、それにしても、この街にくれば大抵の買い物は済んでしまうし、食事もバラエティに富んでいる。数が多いということは選択肢も多いということで、趣味嗜好や年齢に関係なく享受できるものがコンパクトにまとまっているというわけである。

多摩川の川向こうは超近代都市・神奈川県川崎市。大田区を後目にどんどん垢抜けていくのであった

京浜工業地帯の中心部に位置する川崎市が、洗練された街へと変貌していったのは、ここ10年あまりのことだが、大田区の川崎への依存は昭和の時代から一貫して続いていた。『大田区史』下巻では、1963年に大森の中富小学校で行われた調査に触れている。その調査によれば、日用品は地元の大森八丁目で購入するが、「少し上等品(長く使うような日用品)」は蒲田と川崎が並び、「ごく上等品(年に一度とか一生物の買い物)」になると川崎で買うことが一般的だったことが明らかにされている。

また、大田区区民部経済課が196

７年に行った調査によれば、もっとも利用するデパートがある地域として選ばれたのは、やはり川崎であった。この調査では以下、日本橋・渋谷・銀座・大井と順位が続く。現在では買い物におけるデパートの地位は低下しているものの、買い物をするとき出向く地域の傾向は、現在とあまり変わっていないように思われる。

大田区内では昭和30年代後半から大手小売店の出店が相次いでおり（１９６４年に大森にダイシン百貨店が開業。また、ユザワヤが毛糸店から総合材料店に転換したのも、この年である）、１９７０年には蒲田駅ビル西館（１０００店余りの入居申込みが殺到した）がオープン。このように時代の歩みとともに、小売店は充実しつつあったのだが、それでも買い物客の傾向が大きくは変動しなかったのである。

こうした買い物客の区外への流出傾向は、商店街の弱さにも原因がある。そしてこれもまた昭和の時代から変わっていない傾向なのだ。１９７０年に大田区が行った調査では、区民生活を支える商業拠点として、大森・蒲田の商店街及び、私鉄各線の商店街をあげ、私鉄沿線では特に京急線雑色駅、東急線の池上駅、大岡山駅の商店街が、大きな規模を持っているとする。だが、これらはいずれも、「大規模な拠点となり得るようなものではない」と酷評している。

このように「大きな買い物は区外で」という区民の志向は、昭和から連綿と続き、いまだに覆す方法を掴めてはいないのである。

近年、JR蒲田駅の駅ビルが改装され「グランデュオ蒲田」として、これまでに大田区ではあり得なかった洗練された商業施設となっている。ただ、大田区民にとっての意識はあくまで「ちょっと高価な日用品を買うのが便利になった」程度の意識の変化にすぎない。やはり、本当に高価で、長く使う物は川崎をはじめ区外で買う物という意識を覆せてはいないのである。

というわけで、もはや「高い買い物は区外」という区民の意識は、変えようがない。近年では、なんでも量販店で、できるだけ安く買うことが一般的な消費者の志向になっている。それと比較して大田区区民の買い物傾向は保守的だと考えられる。つまり「高いものはちゃんとした店で買う」という意識なのである。この意識は区内に、大型量販店があまり進出していないこととリンクして、持続しているのである。

ならば、区民たちが区内で買うようなものをさらに充実させることが、より区内の商圏を活性化させる方法となるであろう。

幸いにも、大田区の商店街はどこも信じられないくらい、独自色が強い。昔ながらの独自色がありそうな商店街というと、板橋区の大山商店街や杉並区の高円寺純情商店街に、お株を奪われてしまっているが大田区の商店街のほうが、独自色の濃さでは勝っている。

特に京急線沿線。京急蒲田の商店街は、いまだに商店街の看板の一部が「京浜蒲田」のままになった時の止まった商店街（１９８７年に駅名は京浜蒲田から京急蒲田に改称されている）である。どうも京急線の高架化工事に伴って商店街は再開発されてしまいそうだが、これ自体、テーマパークとして保存してしまう価値がある。

同じく、雑色の商店街も、味がありすぎ。もはや、東京23区とは思えない、うらぶれた雰囲気は重要文化財にでもして保存するべきである。幸いにも、いつの頃からか町歩きだとかが、一種のブームになっていて単に古くて埃まみれになっているだけでも、誰かが価値を見出してくる便利な世の中になっている。

適当なキャッチコピーなり、プロモーションを考えれば観光地として注目を集めることは間違いないだろう。

それにしても、大田区の多くの地域は、川崎という大都会に簡単に辿り着くことができるから幸せだ。ちなみに、田園調布とか一部の地域の住民たちは、川崎の大都会ぶりを知らずに渋谷を、もっとも近い大都会だと思って利用している。

そして、「見てくれ屋（デザインセンスは抜群だが、実用性や耐久性に欠ける商品のこと。筆者の造語である、ぜひ流行させてくれ）」に騙され、（値段が）高い買い物ばかりさせられているのである。

せめて新宿ならいいのに、渋谷がまともな大都会だと思っているのは、知識が足りないというか悲惨というか。最寄りの大田区民で、川崎の素晴らしさを理解していない人がいるなら、ぜひ布教をしてやってくれ。

# 第5章
# 隔離地帯田園調布の真相とは

# 田園調布は有名だけど大田区のお金持ちはどこに住んでいるの？

## 金持ちの姿はどこにあるの？

「田園調布といえば、日本で有数の金持ち地帯。関東に拠点を持ち、各界で成功を収めた人々のゴールは田園調布に家を建てることである」

たぶん一般庶民の田園調布に対するイメージはこんなものだ。

ところが、大田区民、中でも東横線をはじめ東急沿線に住む人々で「田園調布？　スゲエ！」

と感じる者は少ない。

というのも、田園調布駅は目黒線だけの駅ではなく東横線の駅でもあるからだ。

「金持ちが集う、セレブ地帯のはずなのに東横線の駅があるなんて、おかしい。実は、金持ちなんてごく一握りなんじゃないか」

日頃から東横線を利用している人に田園調布について尋ねると、だいたいこのような答えが返ってくる。地下にある東横線の田園調布駅ホームからは、金持ちの家が軒を連ねている様子も、オシャレでこじゃれた感じの復元駅舎も見えない。

おまけにその地下ホームといえば、ほかの駅とかわり映えしないどころか、少々古ぼけている。

むしろ近年改装した大岡山駅のほうが立派に見えるほどだ。

そもそも、田園調布には住宅以外に目立った施設がない。セレブな雰囲気満載の店が軒を連ねているわけでもなく、グルメを楽しめるスポットもない。ゆえに大田区民の多くも田園調布には、本当に金持ちが住んでいるのかを知らず、イメージに懐疑的ですらあるのだ。

## 鼻で笑われそうなショボイ高級住宅地

田園調布＝金持ちというステレオタイプなイメージを、一部の関西出身者に話すと、間違いなく鼻で笑われる。なぜなら彼らは、芦屋市という田園調布など消し飛んでしまいそうな超セレブタウンを知っているからだ。

中でも芦屋市六麓荘町は、田園調布などとは比較にならないほどスケールの大きな高級住宅地だ。なにしろ、ここは最低120坪以上でなければ、建物を建ててはいけないという、ほかに例をみない超リッチな建築協定を持つ地域である。

おまけに、建築を許されるのは一戸建のみでマンションは厳禁。町内では一切の営業行為が禁止されているので、商店はまったく存在しない。しかも、建築協定は住民同士の決まり事のレベルではなく市の条例として定められている。

町内には（最近は変化しつつあるが）、富裕層の子弟を対象とし、ワコールの塚本社長の出身大学である芦屋大学も存在する。ともかく、一定水準以上の金持ちしか住むことのできないシステムが完全に確立されているのである。

これに比べると、やはり田園調布は明らかにショボイ。ここでも、本当に金持ちが住んでいるのか疑ってしまう。

実際、田園調布で、

「ここは、すごいお屋敷町だなぁ」

と感じるところは、ごく限定された地域のみ。具体的にいうと田園調布の駅を出て西側、地図で見ると放射状に道路が広がっているあたりがそれに当たる。ただ、地図で見れば一目瞭然だが地名に「田園調布」の四文字が冠せられた地域に比べれば、それは極めて僅かな地域。ほかの地域はといえば、ごく普通の住宅街にすぎない。まあ、確かに都内に一戸建てを持つことができるのは、それだけでも充分なステータスかもしれないけれど

「これぞ金持ち、セレブタウン♪」

といった雰囲気は感じられない。

つまり、金持ちの住む田園調布は、田園調布という地名がつくうちの、ごく僅かの地域に過ぎないということだ。このことは、年々世間に広まっているらしく、田園調布の化けの皮は次第に剥がれつつある。

田園調布一丁目の、緑溢れる田園調布せせらぎ公園。元々は多摩川園ラケットクラブだった

そもそも、街は一種の生き物である。いくら都市計画をしたところで、住民は入れ替わるし、街の雰囲気は変わっていくものだ。田園調布も、超高級住宅地から、次第に普通のちょっと高級そうな住宅地へと変貌しつつある。果たして田園調布にはまだ、金持ちが住んでいるのか？　そして金持ちの実態とは？

本章では、大田区民ですらよく知らない田園調布の真の姿を探っていくことにする。

スィーツみたいな田園調布の駅舎。もっともこの建物は復元された偶像。実際に使われるのは地下駅だ

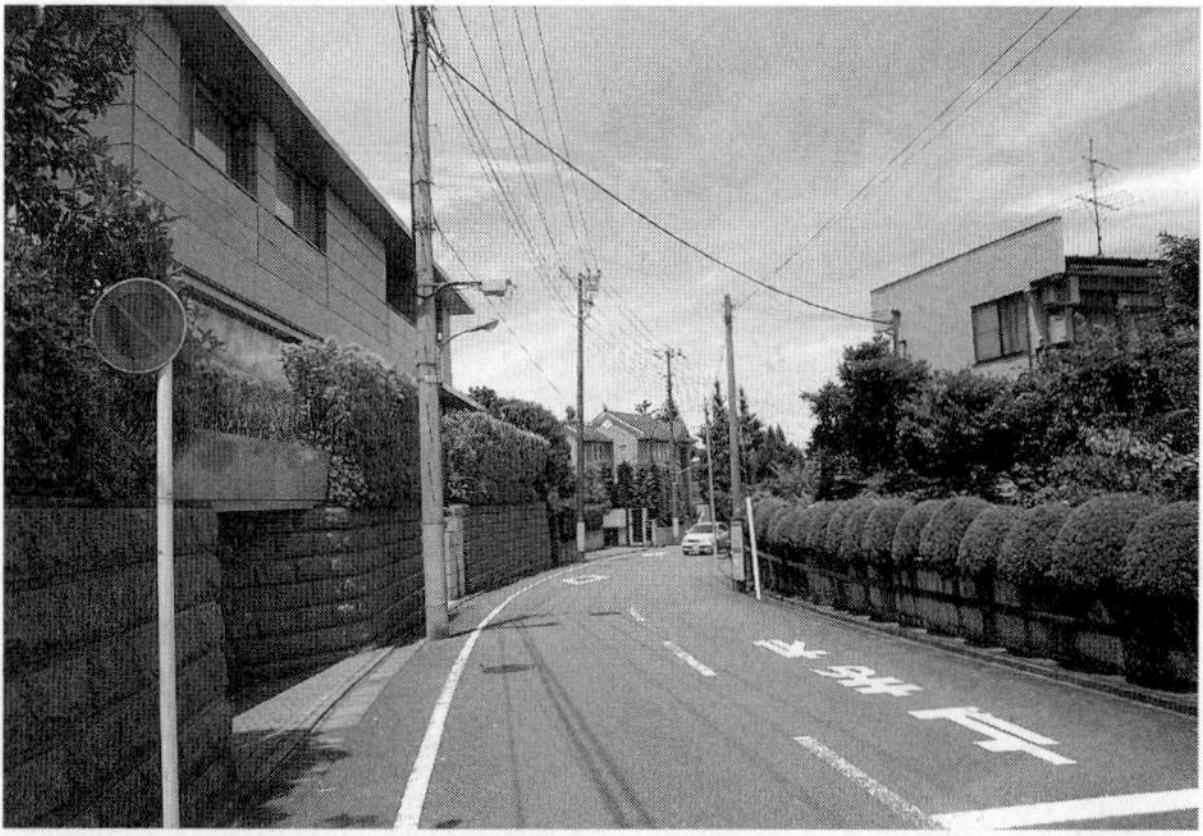

超高級住宅が建ち並ぶ田園調布の一角。ちょっとはずれると普通の住宅街になる

# 田園調布は本当にセレブ地帯なのか

## 田園調布在住はネガティブイメージ

　セレブとかなんとか、美辞麗句を並べ立てて賞賛と嫉妬の目で見られる富裕層。そうした一握りの人々が、好んで田園調布に家を購入する時代は既に終わっている。

　というのも、最近では六本木ヒルズが、そうであるように田園調布に家を持つことは、成功したことの象徴より、あぶく銭を掴んだ成金イメージのほうが強いからだ。

　近年、田園調布というキーワードが取り上げられた出来事を探そうと雑誌専門図書館・大宅壮一文庫で検索をしてみたところ、ポジティブな記事はあまり見つからない。不祥事を起こした企業の社長などを報じるとき「田園調布に○億円の豪邸」といった風に用いられているものばかりである。

今や、これが田園調布の実態。そもそも田園調布に有名人が数多く住んでいると知られるようになった頃から、うさんくささはあった。住民をセレブとか金持ちとかいうけど、どちらかというと、一代で財を成した成金的な人。スポーツ選手や芸能人といった、有名人でカネは持っているだろうけど伝統的な上流階級には属さない人々ばかりなのだ。つまり、田園調布に住む金持ちは、まっとうに生きてなにかを成し遂げた人は、ほとんどいない。彼らは数多の屍の上に、自らの成功を世間に顕示する手段として豪邸を立てているのである。

日本では、セレブという言葉は、

「オシャレな生活をしている金持ち」

という意味で用いられているけど、本来の意味は「派手な生活をしている金持ち」すなわち成金のこと。本来の意味でいえば、田園調布がセレブの街であることは間違いない。要は成金の街、それが田園調布の実態である。

## 古い住民はあまり金持ちじゃなかった

そもそも、田園調布は金持ちをターゲットにした高級住宅地を目指したものではない。開発の出発点である「田園都市株式会社」は、明治から大正にかけて活躍した実業家・渋沢栄一によって1918年に設立されたもの。この時、渋沢が思い描いた街づくりのイメージは、店舗と住宅を完全に分離する街づくりである。元来、日本では店舗と住宅が同一という形態が一般的だが、渋沢は若い頃に訪れたヨーロッパのように、都心の商業地区、郊外に住宅地区がきちんと分離された形を都市の理想型として実現しようとしたのである。実際に、この理想に感銘を受け、田園調布に土地を求めたのは、都心の商店主ではなく新興階級であり、一定水準以上の教養を持つサラリーマン層だった。当時の田園調布は都心まで電車で約1時間余りかかっていたため、土地の値段は安く中流以上のサラリーマンであれば、100坪から500坪は十分に手に入れることができた。このように田園調布の出発点は、成金たちを集めて立派な家を競わせようというものではなく、理想的な都市計画ありきで始められたものだったのである。

理想的な都市づくりを目指したため、開発当初には建築条件として「塀を作らず低い生け垣とし、外から庭を見ることができるようにする」というものがあったことも知られている。それまで、日本の都市部において住宅は江戸の武家屋敷の伝統を継承したような高い塀を持ち、まったく中の様子が見えないものが一般的だった。田園調布に現れた立派な庭と建ち並ぶ家が一望できる様は、当時の最先端として、さらに注目を集めたのである。

## 田園調布の金持ちは住民の異端だった

こうして、当初は渋沢の理想に共鳴した移住者たちによって、整然とした街づくりが進んだ。理想に共鳴した者同士ということもあって、住民同士の交流も盛んだった。ところが、この環境と住民の良さが世間に広まるに連れて、田園調布は次第に姿を変えていく。皮肉にも並木道が続き敷地面積も広い、という魅力的な環境であったことが要因となり、次第に郊外型の住宅地から高級住宅地へと姿を変えていったのである。特に、戦後になるとこの傾向は強まった。全国的に田園調布の名前が知られるようになっていくと、当然のように地価は上昇し、移入してくるのは、金持ちばかり。

「塀を設けない」という建築条件も有名無実となり、高い塀をめぐらせた家が目立つようになっていく。第一世代から第二世代に代替わりする頃になると、相続税が払えなくなり旧住民が流出し、空いた土地には成金が引っ越してくるようになってしまった。

こうして、金持ちたちに占拠されてしまった田園調布。当初の街づくりの理想は完全についえ去り、ただ成金同士が互いに立派な家を建てて見栄を競い合う、醜い姿が完成したのである。

# 同じ田園調布でも丁目が変われば景色は一変

## 隔離された豪邸地帯　三丁目〜四丁目

地下がホームになっている田園調布の駅を降りると、目の前に広がるのは煉瓦の敷かれた広場。東急線沿線にありがちな、無理矢理な高級感を演出したものである。神奈川あたりの田園都市線の駅前風景と比べてもレベルは、さほど変わらない。

ここから、左に曲がると地図上でも「ローマを模倣したのか」と思ってしまう放射状に道路が広がる超高級住宅街の田園調布三丁目〜四丁目が広がる。右には、やはり無理矢理に高級感を押しつけてくる商店街。ちなみに、正面には最近都内の各所に店舗を増やしている高級パンのチェーン店が。これでもかという程、怒濤の高級感の押し売りである。

さて、三丁目に向かおうとすると、そこには貧乏人を阻む透明な壁がある。まあ、タダの階段であるのだが、三丁目の高級住宅街を視界に収めるには、この階段を登らなければならないのだ。まるで、貧乏人には、家を見る権利すらないと、隔離しているようにしか思えない。実際、この階段で田園調布と名前のつく町内の行き来はかなり不便なようで、自転車の後輪をガタガタ引きずりながら階段を上り下りしている人の姿も。今どき、すぐ傍に迂回路がないのが、オカシイ。

そして、この階段を登り切ると並木道で彩られた、超高級住宅の姿が……。ところが、そこには駅にへばりつくようにケンタッキーフライドチキンとウェンディーズが店を構えるのだ。三丁目~五丁目にかけて、店といえばこれくらい。町内にはコンビニすらない。昔ならいざしらず、ライフスタイルが多様化した現代、コンビニもない街なんて、不便以外なにものでもない。

そして、高級そうな住宅も眺めているだけで様々なドラマが見えてくる。植木屋がこまめに通っているのか、きちんと手入れされた家があるかと思えば、庭が荒れ放題の家も多数。門柱は錆び、柵が半分崩れ落ちているような家もある。これが「景観を重視している」ことをプライドにしている街の実態だ。要は、親から受け継いだ財産＝家屋敷すら、もはや維持することの困難な住民も増えているということ。景観の保持にパラノイアかと思う程熱心な街なんだから、植木の手入れをするカネくらい貸してやれよ……。

田園調布でも、町内全体が、やたら敷地の広い家で構成されているのは三丁目くらい。四丁目、五丁目になると崖の上には高そうな家があるのだが、急な坂を下りると突然、庶民的な家ばかりになってくる。財産を抱えていそうな家なんて、まったく見られない。常に崖の上の高級住宅を見ながら暮らす、崖下の住民は、どんな心境なんだろうか……。

## ショボイ商店街の名ばかりゾーン

田園調布駅から右に曲がると二丁目、さらに進んで多摩川駅あたりが一丁目となる。田園調布駅前には、多少店があるけれど、とても華やかな商店街とはいえない。とにかく店の数が少ない。そもそも、駅前だというのにスーパーもないのだ。このあたりで、まともなスーパーは駅の隣の東急ストアのみ。前項で述べた通り、商品価格は場所柄やたらと高い。他に選択の余地がない住民たちは、高コストな生活を強いられることになる。住宅も、こちら側は立派そうな家屋はごく一部。次第に、雑然とした家が増えてくる。スーパーも遠く買い物も不便、自転車で行ける雪が谷大塚駅前の商店街まで辿り着かなくてはまともな買い物は無理。そのためか、どこの家でも車が必需品。なんだか、生活の多くがイオンに依存している田舎町と、あまり変わらない。

この悲惨な町を南北に貫くのが、田園調布通り。ここは、町内の悲惨さと田園調布という名前に由来するプライドの象徴的な場所。一応、通りは田園調布通り商店街ということになっていて、街灯という街灯に名前を掲示して存在を誇示している。だが、その実態はショボイ。商店街だというのに店がほとんどないのだ。商店街と呼ぶのは誇大広告の類でしかない。最近、田舎に行くと昔ながらの、よろず屋を「あのコンビニ」とか呼ぶ老人に出くわすことがある。きっと、この町の人々も同じ感覚だ。もしくは、なにか超自然的な力で、町の人たちだけには華やかな商店街が見えているのかも。

## 田園調布のほとんどはエセ山の手だった

一丁目、二丁目から始まる、田園調布の名を冠しているクセにショボイ地帯は、けっこう広い。中原街道を越えて南側に広がる、田園調布本町と田園調布南は、もはや高級住宅地の雰囲気などまるでない。古ぼけた家屋は多いし。昭和の香りのする男やもめが住んでいそうなアパートも、いっぱい。機械油の匂いが漂ってくる下町である。

このように、高級住宅地だと思われている田園調布のほとんどは、単なる住宅地。高級なあたりもコンビニすらない田舎町である。

こんな酷い町に住むことをプライドにしている人もいるのだから、人の心は複雑である。きっと、ほかには何も自分が誇れるものを持っていないのだろうなあ。

田園調布二丁目。どう見ても普通の住宅地である。「豪邸はどこ？」と思わずキョロキョロしてしまう

田園調布四丁目。まずまずの小金持ち風こじゃれたハウスが並ぶが、中には狭小物件も混ざる

田園調布五丁目。豪邸はいいんだけど、この「急坂」と名付けられた坂には絶句。金持ちも楽じゃない

田園調布本町。本町というからには「本物の田園調布」かと思いきや、こんなリーズナブルそうな物件も

# これが「本物の金持ち」だ！近所に高級店が少ないワケ

## 本物の金持ちはほとんどいない

　ここまで書いてきたように、田園調布には上流階級と呼ぶべき、一流の教養を持つ本物の金持ちは絶滅に瀕している。いまや、豪邸を並べているのは下品な成金ばかりといっても過言ではない。いや、その成金すらも田園調布の町からは姿を消しつつある。そもそも成金にとって、家を持つことは終の棲家を持ちたいとか、じゃなくてあくまで自分の力を顕示する手段に過ぎない。だから、成金が目指すのはもっと世間から注目されそうな街。ホリエモン逮捕の前までだったら、六本木ヒルズあたり。最近でも、青山とか都心の高級マンションを選ぶのである。

とはいっても、先祖代々の財産を守ることを人生の目標としているような古いタイプの金持ちは、いまでも田園調布に健在だ。古いタイプの金持ちは、だいたい見ていればわかる。なぜなら、身分によって服装が分類されなくなったと思われている現在でも、都市部では階層によってファッションがまったく異なるからだ。誰もがファッションによって、その人の趣味嗜好と程度がわかることは、よく理解しているだろう。秋葉原系の人は、以前のよくわからんアニメキャラTシャツと西友ジーンズの時代よりはオシャレになったとはいえ、小物やカバン、靴などで、ひと目でオタクだと見抜かれてしまう。下北沢なんか行くと、ムーミン谷から出てきたような髪型の女なんてライフスタイルが一目瞭然だ。

これに比べたら、ちょっと難しいけどやはり田園調布界隈の金持ちは、ファッションが違う。誰もがユニクロを着こなすような現代にあっても、さりげなくラルフ・ローレン、ポール・スミス、セント・ジェームスあたりを着ている。基本的に、本当の金持ちは質を重んじるから、見た目や縫製に、やたらとうるさい。

基本は、高くても長持ちするよいものを買うスタンス。安かろう悪かろうのメーカーなんて、もってのほかだ。だから、高くても長持ちして飽きの来ないものを選ぶと自ずと、前述のようなブランドになるのだ。そうした一着が万札単位のシャツを、アイロンもかけずに、さりげなく着ているのが本当の金持ちである。

また、田園調布あたりでスーツ姿の男性を見ていると、金持ちか否かは一目瞭然。本当の金持ちは、代々使っている店でスーツを仕立てる（銀座の英国屋だと1・5流くらいか、それ以下の人である）から、身体にぴったり合ったスーツを着ているのだ。

こうした点に留意しながら田園調布あたりで、通行人のファッションチェックをしていると、まだ本物の金持ち（非成金）が多少は住んでいることは自ずと理解できるだろう。

## 主な買い物は自由が丘で

本当の金持ちは、あんまり買い物に行かない。日々のおかずの類は使用人がやるし、大抵の買い物はデパートの外商部がやってくる……さすがにそんな時代は残念ながら、終わっている。

というわけで、本当の金持ちも買い物に出かけるわけだが、本物の金持ちは渋谷には行かない。本当の金持ちにしてみれば、渋谷はまったく価値のない街である。すべてが低年齢層相手の商売になっていて、その場限りの蓮の葉商いの感覚。高くてもよい物を買うのが当然の本物の金持ちからすれば、言語道断。むしろ、渋谷の街が、この世から消滅して青山が近づいてくれれば便利だと思っているに違いない。

というわけで、東横線で神奈川県の奥地から田舎者たちが、渋谷の街を夢の都のように思いを馳せながら揺られていくのを尻目に、金持ちたちが目指すのが自由が丘である。自由が丘は、戦後になって竹藪だった一帯を東急が開発した、新しい街である。現在のような街並みが整備されたのも70年代に入ってからと、比較的新しい。そのためか、自由が丘一帯は、昭和の香りを残しながらも周囲の住宅地と融合して、洗練した街並みが演出されている。住むこと自体が、自己顕示欲の発露になっている田園調布に対して、「オシャレで洗練された自由が丘に住みたい」ことが、移住者の目的だから、突拍子のないような家が建築されたり、街が荒れていくことも比較的少ない。これが、さらに活力源となり、オシャレな街に憧れてやって来る人、それらを相手にした様々な商売が成り立っている。

ともかく、カフェに入っても、居酒屋に入っても「なにを買っても食べても高い」のだが、渋谷に比べればよっぽどカネを出す価値ありである。世界レベルで知られる某有名パティシエのいるケーキ屋なんて、カウンターに立ってる店員すら、プライドのオーラを感じさせる(「なんかしらんけど、入ってみたよ」的な客にも丁寧)。ぜひ、爪の垢を煎じて飲ませたい店が山のようにある。

この自由が丘の街こそが、田園調布あたりの本物の金持ちが「ちょっとした買い物」に使う街なのだ。彼らはなにか必要な物があるときは、車をちょっと走らせて出かけるのである。ただ、最近になって車を使う人は徐々に減ってきている。というのも、今や自由が丘は関東圏一円に知れ渡ったオシャレタウン。週末にならずとも、田舎者の車で慢性的な渋滞に苦しめられている。そのためか、東横線や田園調布〜自由が丘間のバスに乗っていると、時々高そうな服を着た裕福そうな人を見かける。本物の金持ちも、時代に合わせてライフスタイルを変化させているのである。

## でも本物の金持ちは田園調布にいない

絶滅を危惧されながらも、いまだに存在する田園調布在住の本物の金持ち。ただ、その姿は年々減少の一途である。むしろ、金持ちが多く生き残っているのは目黒線の洗足から奥沢あたりの一帯である。

目黒区に属する洗足は、田園調布に先行して建築された田園都市。大岡山は下町風の商店街と住宅地が見事に調和した街づくりが保持されている。自由が丘に色濃く残っている洗練された住宅地の雰囲気は、奥沢あたりまで続いている。

これらの街に比べると田園調布は、やはり魅力に劣る。商店街は小さくて離れているし、わざわざ出かけようと思うような店も少ない。街が出来たての昭

渋谷はガキの街、新宿池袋は庶民の街、六本木、青山、白金台は、ちょっと遠すぎるので自由が丘

和初期の風景を見ると神戸の異人館を彷彿させるような、オシャレな住宅が並んでいるのだけれど、今の多くは単に金持ちが住んでいるような家、わざわざ見る価値もない。

かつての街の理想が崩れ、悲惨な末路を晒している田園調布。いったい、この街はどうして酷い有り様になったのだろうか。

田園調布マダム御用達のグルメ、スィーツ、ブランドが集中するのが自由が丘駅周辺だ

奥沢も自由が丘エリア内。自由が丘を名乗っているお店でも住所を見ると奥沢ってのがけっこう多いのだ

# 崩壊中の田園調布
# ついにペンシルハウスもチラホラと

## お高く止まった金持ちも過去のもの

かつての日本テレビ系の名物コーナー「突撃！ 隣の晩ごはん」で、ヨネスケは田園調布に突撃をかけたことがあるそうだ。場所柄に合わせてタキシードを着用。だが、一軒どころか36軒を回っても、誰も取材に応じてくれず、挙げ句の果てには警備会社に通報されてしまったのだとか。だけど、そんなお高く止まった本物の金持ちも今や昔。

田園調布あたりを歩いていると、やたらと不自然な区画によく出くわす。えらく長い塀が続いていると思ったら「身体の細長い人が住むのかなあ」と思ってしまう、縦に長く横幅のない建て売り住宅が数棟。綺麗に仕上げているように見えるけど、風が吹けば飛ぶような安普請は隠せない。はたまた、豪邸のとなりが、「国有地」と書かれた空き地だったり。そもそも前述のように数百坪単位で土地を売っていたはずなのに、これはどうしたことなのだろうか？

## 加速度的に崩壊する田園調布の街並み

田園調布の街並みの崩壊が、問題視されるようになったのは、バブル崩壊後の90年代前半からだ。この時期、すでに当初の理想とされた田園都市は、単なる成金タウンとなり果てていたわけだが、土地の切り売りが始まったのは相続税が原因だ。高級住宅地となった田園調布はバブル景気を経て地価が高騰。もともとの土地面積の広さも災いして、相続が発生すると土地を切り売りせざるを得ない現象が頻発するようになったのである。90年代前半といえば、田園調布が開発された当時に移住してきた人々の孫世代が相続者となる時代。祖父母から父母へはさほど難なく相続できたものが、孫の代には手放さざるを得ない状況に追い込まれたわけである。この時期、街の開発者であった渋沢栄一の子孫も、田園調布駅前から100メートルも離れていない場所にあって当初100坪あったという広大な邸宅を手放している。

また、土地の切り売りが加速度的に進んだ大きな原因となったのは、バブルの崩壊後に起こった、急激な地価の下落だ。相続税の基準となるのは路線価。ところが、バブル崩壊後には路線価が、土地の実勢価格を大幅に上回ってしまう現象を引き起こした。ただでさえ高級住宅地になったことでアップした土地の価格は、バブル景気によってさらに天文学的な数値になってしまった。

そして相続税を払えない人々は、土地をいくつにも分けて切り売りしたり、あるいはすべてを手放して、別の土地に引っ越すことを余儀なくされたのである。当時の報道には、住民のぼやきの声も記されている。

「(戦前は)土地100坪が銀行員の年収の4年分ぐらいで手に入れられたのです。芸能人やスポーツ選手が住むようになって、妙に名前だけが先行してしまいました。ただ、住めればいいだけなのに、わが家なんか何かととばっちりを受けた気がします」(『週刊現代』1994年3月26日号)

やはり、芸能人やらスポーツ選手やら、成金の類は田園調布崩壊の戦犯。こうして、ある土地は切り売りされ、またある土地は「筋の悪い」成金に購入されることになり、田園調布は現在まで続く、崩壊が始まる。さらに、バブルの真っ最中から相続税は、住民の不安の的だった。

この街では田園調布会という自治組織が、街の開発以来環境維持のために一役かってきたのだが、この組織は91年に住民同士の取り決めとして50坪までの分割なら認めることを決議してしまった（のちに大田区の条例になる）。もちろん、相続税支払いのための切り売り対策だ。まさにこれによって、最終的に田園調布の命脈は絶たれたといえる。以降、バブルの崩壊を経て土地は切り刻まれ、所有者を変えていくことになる。

## 私利私欲によって街が崩壊する

田園調布から、田園都市の理想が失われ、街の当初の理想を第一世代から直接聞くことのできた第二世代が高齢化し鬼籍に入る頃、バブルの波が街の姿を変えていった。

この時期に金に飽かせて土地を購入した人々には、それこそ成金的な無体な行動が目立ったという。隣の敷地にはみ出して地下室をつくろうとした例など可愛い方で、近隣への騒音のことなど考えもせずに屋上にヘリポートをつくろうとする人までいたそうだ。

バブルが崩壊すると、さすがに、そのような人はいなくなったが、切り売りされた狭小な土地に、こじんまりとした家が建ち並ぶようになる。それらの家は、建築可能な面積いっぱいに建物を建てるものだから、当然、街を彩る木々を植えたりする余裕はない。また、先述のように田園調布一帯には店舗が少ない。そのため、買い物のためにも田舎同様に車は必需品だ。23区だというのに車を2台所有しているような家が多い。そのため、車庫が広くなり、敷地内の緑化面積はさらに狭くなってしまうのである。

すべての原因は、相続税対策のために「50坪ならば、切り売りして構わない」ことを決めた住民たちにある。2007年に朝日新聞に掲載された記事では、この取り決めを後悔する住民の声が紹介されている。

「今考えれば先を見る目がなく、もっと広くするべきだった」（「50坪じゃ狭い

敷地拡大策に住民知恵絞る」『朝日新聞』２００７年2月26日夕刊)

いや、ホントその通りだと思う。しかし、本稿を執筆するにあたって、様々な資料に触れたのだが、どの資料を読んでも田園調布では古くからの住民の、小うるさい感じが鼻につく。もちろん、住民の方にも三分の理くらいはある。「この街に引っ越してきたら、ルールに従うのは当たり前」ということだ。

しかし、それにしても街の理想だかなんだか、五月蝿い。ぶっちゃけ、一生を賃貸で暮らす人も多い中、23区では50坪でも持ちすぎである。50坪に切り売りしたことを「失敗だった」と考えるほうが、むしろ、「頭がオカシイ」のではないだろうか。孫の代まで相続ならともかく、いまではそろそろ曾孫の代。その代まで同じ土地にしがみつこうとするほうが、どうかしている。

いっそのこと、相続税が払えない人だけじゃなく、すべての人を追い出して都市計画からやり直したほうがいい。

たまには空気を入れ換えないと腐ってしまうのは、アパートの部屋と同じ。古ぼけて腐りかけた住民がいなくなれば次は、もうちょっとマシな街ができあがるかもよ。

田園調布三丁目の更地。最近、空き地になっていたり、駐車場になっているところをよく見かけるようになった

特に定義は存在しないが、大体 50 ～ 60 坪以下の土地を狭小土地と呼ぶ。田園調布は 50 坪なら切り売り OK

大田区コラム 5

# あの立派な区役所が出来たワケ

大森から大井町へ向かうバス路線の途中に、元区役所前というバス停がある。名前の通り、かつて区役所があったことを示すものだ。移転から既に十余年。次第に、区役所があったことを記憶する人も少なくなる中で、バス停の名前は健在だ。きっと、区役所の移転がよほど悔しかったであろうことを、彷彿とさせる。

現在の大田区役所は、蒲田駅前。交通の便のよさは最高クラスである。そもそも、都庁からして新宿駅から、どれだけ歩けばいいのかうんざりする東京23区。いくつかの区の区役所の位置を羅列してみると

●新宿区：歌舞伎町の真ん中。周囲の雰囲気がとても区役所にふさわしいとは思えない。上京したてで住民登録にやってきた若者は、恐ろしくなって引き返す（多分）。

金ピカに輝く巨大な区章。成金趣味というか、税金の無駄遣いというか、せめてオシャレにして欲しかった

●足立区：北千住駅からバス10分。公共交通機関はバスだけ。交通弱者には厳しい。北千住駅前から移転しなきゃよかったのに。

●葛飾区：京成立石駅から徒歩5分。途中が住宅地なので道を間違っていないか不安に。夜は暗くて怖い。

●世田谷区：東急世田谷線松陰神社前駅から徒歩5分。世田谷区自体、広すぎるので住民ですら区役所に行ったことのある人は少ない。区役所前のバス停から渋谷駅に行けるのは便利。

●墨田区：浅草駅から隅田川を渡った対岸。つまり、所在地は区の東端。となりが、あの屋上の黄金オブジェで知られる、アサヒビール本社なので、遠くから歩いてきても迷わないはず。

●文京区：地下鉄春日駅直結。高層レストラン完備、1Fにはエクセシオールカフェも入居。文京区自体が狭いので、どこからでも便利。

●品川区：大井町駅から徒歩5分。五反田あたりからだと、電車の乗り換えが必要で不便。いつまで労働争議をやっているんだ。

いくつかの区役所の印象を並べてみたが、大田区役所が負けるとしたら文京区役所くらい（いくらなんでも、展望レストランはやりすぎ）。駅からは近いしとにかく無駄なほど豪華なつくりなのが、大田区役所の利点なのである。中に入ると、やたらと豪華なエントランス。とても役所の建物とは思えない。

それもそのはず、もともと、ここは区役所として利用することを目的に造られた建物ではないからだ。

そもそも、大田区役所になっているこのビルは、桃源社という会社によって建設されたものだ。話の始まりはバブル真っ盛りの頃。国鉄分割民営化に伴い、全国の駅周辺には整理統合され廃止された操車場や、荷さばき所などの広大な空き地が生まれていた。蒲田駅でも荷扱い場所が閉鎖となり広大な空き地が出来ていた。１９８７年、国鉄清算事業団によって売り出されたこの土地を取得したのが、桃源社という不動産会社。バブル真っ盛りの時期に六本木や赤坂を中心に百数十棟のビル・マンションを保有していた一大企業である。１９８９年にはフォーブス誌で資産25億ドルと報じられた、バブルの中で咲き誇った企業の代表格である。同社は、この土地にフィットネスクラブやオフィスの入った一大ビルディングを計画。ところが１９９２年、ビルの完成直後、バブルの破綻と共に桃源社は倒産してしまう（その後、社長の佐佐木吉之助は住専問題で逮捕されたりして長く世の中を騒がせた）。

こうして蒲田駅前には、誰も人がいない幽霊ビルが残ることに。大田区の表玄関である蒲田駅前に地上11階地下4階の巨大無人ビルが出現したのだから、これは一大事である。そこで大田区は１９９６年、このビルを１６７億円で購入することを計画する。ちなみに、桃源社がつぎ込んだ金額は土地を含め約９００億円、倒産と共に差し押さえたビルを銀行などが設立した管理会社ＫＢＫが落札した金額は３９８億円（このＫＢＫという企業には施工主の鹿島も参加していた。つまり、ビルは完成していたのに代金を取りっぱぐれていたのである、悲惨）。ほとんど9割引で購入したのだから、メチャクチャお得な買い物である。このほか、区役所として利用できるよう改修費用が約50億円になったが、それにしても安い。しかし、そうすんなりとは話は進まなかった。

まず、反対運動を始めたのは現・元区役所前バス停のある大森周辺の住民だ。折しも世間では住専問題が注目され、元の所有者である桃源社の社長も逮捕されたばかり。そんなビルへ、移転するのは印象が最悪だという論理で、反対運動は展開されていく。

もちろん、問題は印象が悪いという理由だけではない。そもそも、１９４７年に大森区と蒲田区が合併するにあたって区役所は、旧大森区役所の土地を利用することになった。それ以来、大森と蒲田の地域的な感情対立は、密かに続いていたのである。片や、高級住宅地・山王を抱え、街の伝統を誇る大森、片や、交通の要衝としての自負を持つ蒲田。さらに、この土地が売りに出された際に、大田区は購入を目指して第三セクターの企業を設立したにもかかわらず、入札に負けたという因縁もあった。おまけに当時、購入を推進していた西野善雄区長は旧大森区の出身者。大森の住民からは「大森を蒲田へ売るような背信行為」という声も聞かれていた。

反対する住民は、購入の是非を住民投票（当時、市民運動のスタイルとして全国的に流行していた）に諮るよう要求するが区議会は否決。結局、96年のうちに区議会は購入予算を承認し、98年に大田区役所は、めでたく移転を果たしたのである。

このころ、23区で行われた区役所の新築工事の費用を見てみると、港区役所は137億円（1987年）、墨田区役所は175億円（1990年）、練馬区役所は234億円（1996年）、足立区役所は489億円（1996年）。区の規模から考えると、かなり割安に必要な施設が整ったものを入手できたことは間違いない。

だが、この一件を通じて多くの区民は大森と蒲田の地域間対立を目の当たりにしたのである。もっとも東急線沿線住民には、あまり関係なかったようだけれど。

# 第６章
# みえてきた大田区の未来像？

# 空港はあっても宿泊する人がいない大田区が「民泊」を武器に観光客ゲットを目論む？

## ところで「民泊」ってなに？

長きにわたって大田区を見てきたが、如何だっただろうか。最後に、ここ数年大田区で起こっている大きな変化を見ながら、大田区の未来像をさぐってみたいと思う。最初の話題は、大田区議会が可決したユニークな条例について。

大田区は外国人観光客の一大拠点になり得るのか。羽田空港の国際化は、止まるところを知らない。年々、国際線は増便の一途を辿り２０１６年からは、ＬＣＣの路線までもが羽田発着を始めている。ライバルである成田空港は、格安バスも登場させて必死ではあるが降りたらすぐ都心にいくことができる羽田空港の利便性にはかなわない。長らく成田空港の「存在意義のために」国内便中心という枠に押し込められていた羽田空港が、ついに本来の形と力を取り戻し始めた、といったところだ。

そんな発展する羽田空港を前にして、大田区は新たな戦略に取り組んでいる。２０１５年、全国に先駆けて「大田区民泊条例」を可決したのである。

さて、この民泊とはいったいなんのことか。聞いたことのない言葉だ、と思われる方のためにまずこの説明から始めよう。ざっくりとした定義としては、要するに「家の空き部屋に旅行者を有料で泊める」というものだ。資産運用のために購入したマンションや、家賃収入狙いで購入したマンションが空室になっているものを転用する人もいれば、自宅の空き部屋を提供するものまで、様々な形の民泊が乱立している。この民泊は宿泊施設検索サービスＡｉｒｂｎｂの普及によって知られるようになった新たな宿泊のスタイル。膨大な数の宿泊部屋提供者と、希望者の細かい希望や条件をマッチングさせるシステムが、誰でも使えるインターネット上で展開できるようになったことで、爆発的に利用者を増やしている。以前ならば、知り合い同士（それも自宅に招けるレベルの）でなければ不可能だったことを、誰でも行えるようになったというわけだ。まさにIT（インフォメーションテクノロジー）革命のひとつの形。21世紀型のスタイルというわけだ。

だが、公然と存在しているにも関わらず、その実態は違法なのが実情。日本では旅館やホテルを営む場合には、旅館業法に基づいて届け出が必要となっている。これは、宿泊者の安全を守ることや治安維持などの目的でさだめられているもの（犯罪捜査などのために宿泊者名簿が義務づけられ、警察は令状なしに閲覧が可能）。

現状、民泊は単に警察が取り締まっていないから許されているに過ぎない。2015年11月には京都市の業者が旅館業法違反で摘発されているが、この場合、マンションの半数近くの部屋が民泊に利用され、業者がマンション入り口に机をおいてフロント業務を行うなど、あまりにも堂々とやりすぎていた。そのような目立つ行為をしなければ、摘発されることもなくなっている。

だが、それでも問題は多い。私事だが、筆者の住むボロアパートもどこかの部屋が民泊を始めたらしく、先日は深夜にノックでたたき起こされ出てみるとトランクを抱えた外国人が（「うちじゃねえよ！」と、ブチ切れてドアを閉めた）。

共用部分を得体の知れない外国人が利用する等々、民泊が増えると共にトラブルはあちこちで起こっているのである。

それでも、民泊がやたらと流行っている理由は全国的にホテルが不足しているから。２０１５年の観光庁の「観光白書」によれば、東京と大阪では２０１４年に宿泊施設の稼働率は80％を突破し、そのまま上昇を続けている。２０１５年に入ると、大阪に至っては90％を超える月もあるというから（東京も80％超えで推移）、もはや宿泊施設はどこにいっても常に満員という状況が当たり前になっているのだ。

その最大の理由は外国人観光客の増加だ。政府は２０２０年までに年間２０００万人の観光客の誘致を見込んでいたが、この数値は２０１６年中にも突破され、２０２０年には２５００万人に達すると見られている。宿泊料金もただのビジネスホテルが７～８０００円するのも当たり前。低予算の観光客にはかなり厳しい価格だ。観光からビジネスまで、泊まろうにも泊まるところがなくなっているのである。

そうした状況で大田区は、２０１４年に宿泊施設の稼働率が都内平均を上回る91%に到達。「国際都市おおた」を掲げる大田区では、実際に外国人の訪問者も増えているのだ。これを解消するのが、現状で違法な民泊を合法にし奨励する「民泊条例」なのである。

しかし、実際に蒲田などの中心地を歩いても国際都市というネーミングにはちょっと疑問も。あちこちに、英語、中国語、ハングルの案内も見かけるようになったわけだが、歩いているのはほとんど日本人ばかり。ホントに外国人観光客が訪問している実感はわきにくい。それも当然、あくまで大田区は宿泊場所として利用される地域。観光客のお目当ては、関東なら銀座、新宿、秋葉原、そして横浜といった商業拠点。都心はもちろん神奈川方面にもアクセスが至便なために宿泊はするけど、大田区にずうっと滞在しているわけではない。すなわち、民泊条例は、大田区が羽田空港からほかの地域に素通りされるのを防ぐための方針とみたほうがよい。むしろ「宿以外に大田区に外国人が喜ぶ要素なんかないよ!」と割り切っているのは賞讃に値するかも。

## 新手のバックパッカー街が出現？

この民泊条例は、政令「国家戦略特別区域法施行令」に基づいて、使用期間は7～10日以上、床面積は原則25平方メートル以上、外国語の案内や緊急時の情報提供など様々な用件がある。申請を受けて大田区が、これらをチェックした後に認可を出すというもの。大田区は２０１５年2月から審査を始めているが、その第一号となったのは蒲田駅から徒歩10分以上かかるという築60年の物件だ。都心では、タワーマンションの一室などが民泊に利用される例が多いが、大田区はまったく違う。文字通り古すぎて借り手のない物件など、しいていえば「味のある物件」が中心になりそうだ。

ただ、この条例を受けて「ライオンズマンション」を展開する大京や、京王電鉄も子会社を通じてなどの形で民泊事業への参入を始めている。大田区が条例により民泊を公認したことで、既に不動産事業でのノウハウを生かせると判断しているようだ。

２０１５年にＡｉｒｂｎｂ Ｊａｐａｎが発表した民泊の経済効果は２２１

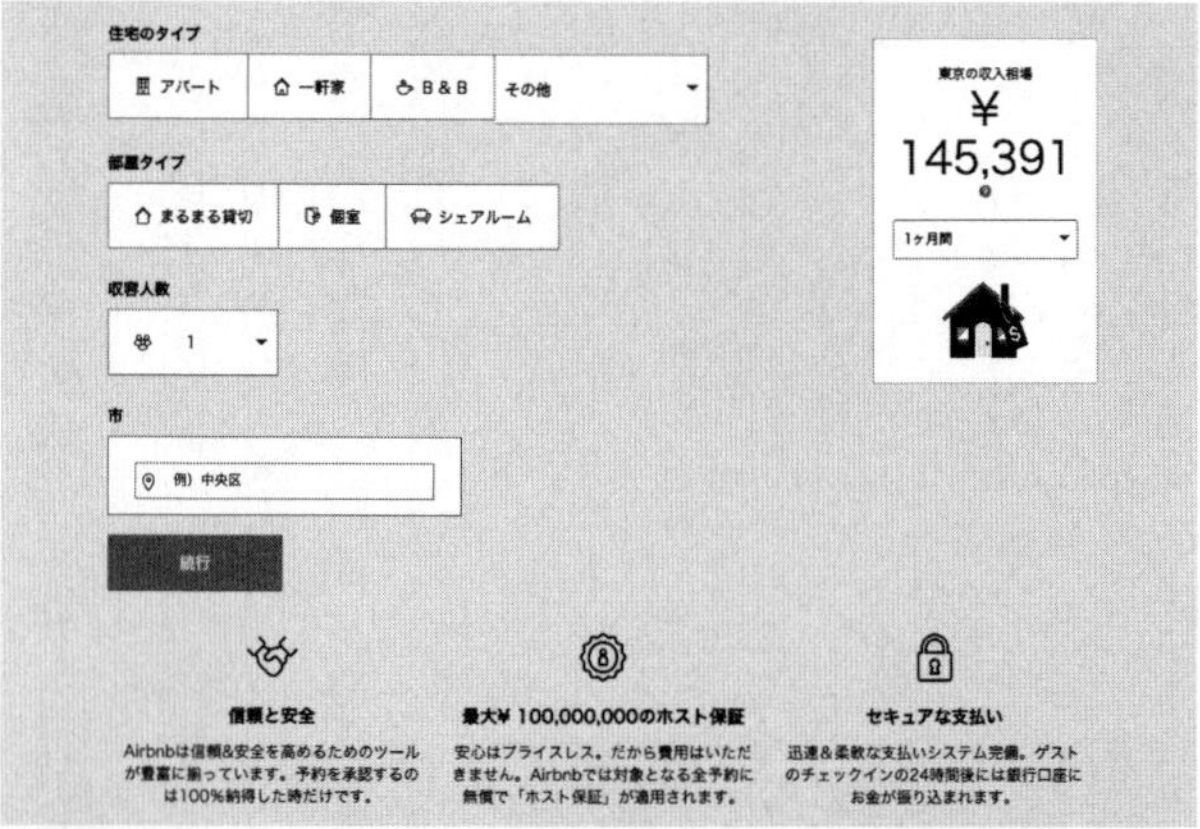


**民泊紹介サイトで検索すれば蒲田周辺に山のような物件があるのがわかる。日本人もＯＫだから興味ある人は泊まってみるとよいよね**

９億円で、２万１７１９人の雇用が創出されるとされている。すなわち、大田区が外国人観光客の宿泊拠点となれば、相当な地域経済の活性化が見込まれる。民泊の利用者は基本的に低予算旅行者と仮定すれば、安価に美味しい料理を提供している飲食店や、観光客が喜びそうな「ザ・ジャパン」な雰囲気を残す古い店舗など、衰退傾向にある昔ながらの商店街復活の起爆剤となりうるかもしれない。外国人観光客の多数を占める中国人観光客は、一時の「爆買」スタイルから、より「ニッポン」らしさを求める「普通の観光スタイル」にシフトしつつあるそうなので、ある意味東京の発展から取り残されていた感のある大田区は、その古さが観光資源となり、二重三重の経済効果が期待できる！　のかもしれない。

また、単純に部屋を提供する場合の利益への期待も大きい。Ａｉｒｂｎｂの「ホストになる」を選択して相場をみてみると、「一戸建て・部屋提供・収容人数ふたり」つまり空いている８畳程度の部屋を提供した場合の１カ月の収入相場は約16万円。これは東京都全体の数字のようだが、大田区は羽田空港からの近さというアドバンテージがあるので、少し差し引いて15万円程度を期待してみよう。そうすると、月20日稼働で一部屋７千円。ひとり３千５００円という数字は、予算を抑えたい観光客には悪くない。月15万円といえば、フリーターや低賃金企業の給料とほぼ同額、といったところなので家主もオイシイ。まさに三方良しである。ちなみに、空きアパート一部屋丸々、収容人数４人なら東京の相場は約33万円と出た。掃除の手間などはあるにしても、普通に借りて貰うよりも大きく収入はアップする部屋は多いだろう。これでもひとり単価約４千円。旅行者にも優しい価格となる。まあ、大田区の場合は条例で使用期間が7～10日と定められているので、仮にこの計算通りに価格を設定できたとしても、収入は上記相場の半分以下にしかならないわけだが。

ただ、そうした外国人観光客を受け入れるということは、日本なら当たり前のマナーやルールを知らない人々が増加すると予想される。旅客業者としては素人が部屋を提供する民泊ならば、より一層トラブルの危険性は高いといえるだろう。家主は民泊で稼ぎたくても、家族が嫌がったり、ご近所から「○○さんの家には最近怪しげな外国人がしょっちゅう来ている。犯罪組織の根城にでもなったのかしら」なんてあらぬ疑惑をもたれてしまい村八分、ということだって考えられるだろう。宿泊者が来たら掃除をしなければならなくなるが、この労力や金銭的負担が想像を超えて大きくなってしまうことも十分あり得る。

しかし、それによって引き起こされるトラブルも含めて引き受けてこそ、真に「国際都市おおた」になれるわけだ。これがどこまで区民に許容されるのか。区民の理解を得るためには、収入もアップし、外国人とコミュニケーションをとって語学が学べるなどの「宣伝」は必要だろう。

ただ、これは杞憂の公算が高い。大田区が民泊条例を制定したのは、既に区内で民泊活性化の兆しがあり、違法状態でこれが広まり大問題が起きる前に、

**23区内ではかなりの「激安」エリアである大田区は、低予算が中心の民泊エリアとしてはうってつけともいえる**

先行して公認し、同時に規制をかけるという「先制攻撃」的な意図があったようなのだ。これは危機管理の観点からいえば英断といえるだろう。実は、大阪府が大田区に先行して民泊条例を制定したのだが（規制の内容もかなり近い）、即座に続いたというフットワークの軽さは賞賛に値する。今後、現在の規制内容が現状に合っているのかを調査し、変更していけば事足りる。

いずれにしても、大田区に求められているのは安宿の提供なわけで、アジア諸国にありがちなバックパッカー街みたいなのが、出現することになるのではないかと、想像される。

# 巨大化する羽田空港を大田区はどうやって活用するのか

## 羽田が新鮮な魚と野菜の宝庫に

２０１０年に国際線ターミナルと貨物ターミナルがオープンしたことによって、貨物取扱量が一機に4倍となった羽田空港。いまや、空港は新たな日本の玄関口であると同時に、日本経済に欠かせない物流拠点へと変貌を遂げている。

その象徴といえるのが、２０１３年にヤマト運輸が穴守稲荷駅近くに建設した「羽田クロノゲート」だ。土日も見学ができることから珍観光スポットとしても知られるようになった、この物流施設は規模は日本最大級。しかも年中無休で24時間開業している施設だ。この施設は単に巨大な物流を処理するだけではない。ここをハブ施設として、ヤマト運輸では香港・台湾には、クール宅急便まで最短翌日配達が可能なシステムを稼働させている。このシステムを使い、日本の農産物を新鮮な状態でアジア諸国へ出荷することも可能になっている。また、将来的には国内では東京～大阪間の当日配達も可能になるという。

また、羽田空港へと運ばれてくる生鮮品のスピードもどんどん速くなっている。国内で朝水揚げされた魚が、その日のうちに運ばれてくるのは当たり前。さらに、地中海で獲れたマグロが数日で羽田空港へ到着するようになっているのだ。現在は、まだまだ高品質高価格であることを否めないが、大量に流通するようになれば羽田空港が日本一の水揚げ港となっていくかもしれない。

## 離発着増加のために課題は山積み

まだまだ課題の多い「蒲蒲線」をはじめとする羽田空港への新アクセスルート。でも、大田区が東京の新たな玄関口へと変貌することが確実なのは事実。というのも、2020年の東京オリンピックに向けて羽田空港に発着する飛行機の数を増強する計画が進行しているからである。

現在、羽田空港は滑走路が増えたにも関わらず混雑が続いている。このまま離発着数が増加すれば2022〜2027年にはパンク状態となるという。それを緩和する手段として検討されているのは、新たな飛行ルートの使用だ。現在、羽田空港では1時間当たり離陸40回、着陸40回の計80回で運用が行われている。これを滑走路運用と飛行経路の見直しにより、離陸45回、着陸45回の計90回まで増やせるというのだ。その飛行経路というのが、東京23区や横浜市、川崎市上空を飛ぶというもの、中でも着陸の際には練馬区から中野区、渋谷区など都心のど真ん中を突っ切ることになる。ただ回数は増えるものの、港区や品川区の一部では低高度でジェット機が飛ぶことになり、騒音や万が一の事故の懸念はあるし、20年に一度くらいは墜落もありそう。その一方、この飛行経路を用いて羽田空港を利用する飛行機が増加すれば、その経済効果は3500億円にものぼるという。右肩上がりの訪日外国人がどんどん金を落としていくというわけだが、その中の結構な額が大田区へも波及することは間違いない。

ちなみに、将来的には羽田空港にさらなる滑走路の建設もあり得るとされているから、大田区は膨大な恩恵が降り注ぐことは間違いない。具体的な計画のまったく見えない「蒲蒲線」だが、中には地上を通して蒲田の街全体を再開発してしまえばよいという意見すらある。あまりにも巨大すぎるプロジェクトだが、そんな話まで登場するくらいに大田区は羽田空港からの恩恵に期待しまくっているのである。

## 羽田空港の恩恵を狙うライバルは多いけど

だが、羽田空港からもっとも近いターミナル駅である蒲田があるとはいえ、大田区は安穏としてはいられない。なぜなら、周辺には羽田空港の利用客増加をあてこんで、恩恵にあずかろうとするライバルが次々と現れているからだ。

大田区にとってもっとも脅威になりそうなのが、品川区だ。品川駅前では2014年に京急品川駅前の「京急ショッピングプラザ　ウィング高輪」が大規模リニューアル。このリニューアルは開業以来初となるもので、人気ブランドが出店するなど新たな買い物スポットとなっている。さらに、ＪＲの駅ビル「アトレ品川」でも空港利用者をあてこんだ店舗の入れ替えが続く。また、品川駅

〜田町駅間で建設が進む新駅も大田区の脅威になりそうだ。こちらは、新駅と共に六本木ヒルズや東京ミッドタウンを超える規模のマンション・商業施設・オフィスビルの開発が予定されている。さらに、横浜八景島では20億円あまりを投じた水族館の大規模リニューアルを実施。多摩川を挟んだ川崎市では臨海部の再開発にあわせて羽田空港との連絡橋の建設を要望している。すなわち、羽田空港の需要をあてこんで周辺の地域も、利益を得ようと必死にもがいているのだ。

全国に先駆けて民泊条例を成立させたり「蒲蒲線」構想を進めたりする背景には、ともすれば羽田空港の恩恵を周辺地域に奪われてしまう危機感もなきにしもあらず。とはいえ、これまであくまで味のある庶民の街として魅力を放ってきたのが、蒲田を中心とした大田区の特徴。2017年の区制70周年を冠にして、観光PRも強化したりとビジネスから観光まで、とにかく羽田空港の恩恵を得ようと必死なのはわかる。でも、それは愚策。東京郊外の私鉄沿線のごとき、ショボイ風景になってしまった京急蒲田駅の再開発は、大田区が妙な方向へと進んでしまっていることを如実に現しているようだが……。

山のような買い物を抱えて空港へ。これが成田空港までだったなら超大変。羽田空港なら荷物が多くても蒲田からタクシーでも行ける

駅の重要度に対してあまりにショボイ京急蒲田駅はどう変化するのか。話題の蒲蒲線については次頁から詳しく解説する

# 蒲蒲線が大田区を劇的に変える！でもいいことばかりじゃやない？

## 大田区の全てをつなぐ計画が？

大田区の鉄道網をガラリと変える計画がいよいよ具体化している。

２０１５年１月に、大田区が構想を発表した羽田空港と渋谷方面を直結する新線「蒲蒲線」がそれだ。

現在、徒歩10分ほど離れているＪＲ蒲田駅と京急蒲田駅とを直結する構想。これは、大田区がすでに30年以上も求めて来た計画なのだ。

大田区の資料によれば、この計画が最初に具体化したのは１９８７年。１９８９年には、「大田区東西鉄道網整備調査報告書」がいったんまとまっている。だが、当時のバブル景気の流れにのって、すぐに着工と思いきや、そうはいかず計画はしばらく進展しなかった。

具体的な動きが始まったのは、2000年。運輸省運輸政策審議会が公表した運輸政策審議会答申第18号「東京圏における高速鉄道を中心とする交通網の整備に関する基本計画について（答申）」の中で、課題はあるとしたものの2015年までに整備着手することが適当である路線とされたのである。これによって、計画は空想から現実へとようやく一歩を踏み出したといってよいだろう。2005年には区民を中心として「大田区蒲蒲線整備促進区民協議会」も発足、さらに具体的な動きも始まった。

こうした下準備を経て、ようやく念願ともいえる着工を目指している「蒲蒲線」。注目を集めているのは、JR蒲田駅と京急蒲田駅が接続されるという点だが、現在の計画では東急多摩川線と京急空港線を接続するものになるのだということ。

具体的には、東急多摩川線の矢口渡駅から蒲田方面に新たな線路を敷設して、東急蒲田地下駅を建設。さらに、地下路線で京急蒲田駅地下に新蒲田駅も建設。そこから大鳥居駅前で地上に出て京急空港線に接続するのだという。もっとも注目すべきは、東急多摩川線と接続することだろう。この路線は、かつては東急目蒲線として目黒駅～蒲田駅間で直結してた路線。だが、2000年に路線の分離が行われ多摩川駅～蒲田駅間は東急多摩川線に分離。以来、この路線は東急池上線と東急随一のローカル線はどちらかを争う路線となってきた。なにせ、大都会東京の路線だというのに、車両は三両編成がデフォルト。おまけに、多くの駅はいまだに屋根が木造という具合なのだから……。

大田区の計画では、多摩川駅を経由している東急東横線、東京メトロ南北線・都営三田線が新線を経由して羽田空港へと向かう路線を検討。さらには、渋谷駅を経由して東武東上線・西武池袋線への接続も計画しているのだという。2012年に大田区が行った分析では、想定される一日あたりの輸送人員は約42万4000人。うち、空港利用客は約15万8000人を見込んでいる。空港利用客が意外に少ない計算だが、渋谷・池袋方面に直結することによって、人の流れそのものが大きく変化すると見込んでいるようだ。なるほど、現在は五反田駅や品川駅経由で渋谷・池袋方面に向かっている人の流れも、こちらの路線へと転換すると見込んでいるのだろう。

## 線路は敷けても問題は山積み

完成すれば、蒲田を巨大ターミナルに変貌させ、首都圏の交通網を大きく変貌させる可能性を秘めた「蒲蒲線」。しかし、その実現にはまだなお解決すべき問題が山のようにある。

ひとつは、線路の軌間の問題。現在、東急は１０６７ミリ、京急は１４３５ミリと線路幅がまったく異なる。そのため、線路を接続して直通運転するというわけにはいかない。これを解決するために考えられる方法は二つある。一つは、東急、あるいは京急の新駅を乗換駅とする方法。もう一つは京急の大鳥居駅を乗換駅とする方法だ。いずれにしても、直通運転かと思いきや、一度乗り換えなくては都心と羽田空港を行き来できないという点で、利便性は極端に変化する。大鳥居駅に至っては、現状では快特の通過駅。羽田空港から都心への早さを誇る京急が快特停車駅を通過すれば、ライバルである東京モノレールに敗北するのは必至。だからといって、現状のダイヤのままでは、大鳥居駅から各駅停車に乗れということとなり、これまた利便性の問題が。そこで、解決案として出ているのが軌間可変電車（フリーゲージトレイン）の導入だ。これは、既にスペインやポーランドでは実用化されている技術。日本では新幹線と在来線の直通のために研究が行われてきたが、まだ完成には至っていない。もし、この方式が採用されれば、日本初とはなるだろうが、そこまで投資して回収ができるのかという課題も残る。なにより、これらの課題を解決しても現状、最大一時間に12本もの列車が走っている空港線に、あとどれだけの列車を走らせることができるのか、ダイヤ編成はかなり困難なことになりそうだ。

そして、もっとも根本的な課題となりそうなのは、これによって本当に大田区が得をするのかという点である。これまで、様々な地域で新幹線が開通し地域が発展するのかと思いきや、都心に近すぎて企業の支店がなくなる。人が都会に流出するといった問題は発生しまくっている。同様に、直通運転により大田区がスルーされる可能性も否定できない。現在、羽田空港に近い利便性を生かして民泊の整備も進めているわけだが、都心に直結すれば客に逃げられてしまう可能性も残る。

だとしても、大田区にとって「蒲蒲線」は将来必ずできるものというのが一

蒲蒲線の開通と共に東京の中心地に生まれ変わりたい願望を感じる蒲田周辺の雰囲気。でも道のりはまだまだ遠いのではなかろうか？

種の常識。なにしろ、大田区役所はそれを前提にした建物なのだ。もとは民間企業・桃源社のビルだったものを買い取り1992年に移転した大田区役所だが、建設時点から将来の「蒲蒲線」を想定して線路を阻まない形で地下が建設されているのだ。この話、尾ひれがついて区役所地下には既に駅が存在していると語る区民も。そこまでしてるんだから、とにかく着工してくれよ！　そんな大田区民の思いが聞こえてくる。

# 大田区は何を目指しどこに向かうべきか？

## まだまだあるぞ！　新線計画!!

大田区の羽田空港直結に向けたドリームは止まるところを知らない。先に記した「蒲蒲線」は、実現に向けて課題が山積みだというのに、大田区ではもう完成間近のようなムードが漂っている。２０１５年12月から2カ月間にわたって、大田区内の小中学生から募集した「蒲蒲線」絵画を施したラッピング電車を運行し話題を集めた。ラッピング電車というと、車体全体に「ようこそ蒲蒲線云々」と施した列車がやってくるイメージ。でも、実態は車両の扉の横に絵画を施したという、けっこう地味なもの。おまけに、この列車は多摩川線のみならず池上線も運行したのである。車両の運用スケジュール上、二つの路線を走るのはしようがないと思うのだけど、池上線沿線住民にとっては、ほぼ関係のない話。羽田空港によって大田区が発展すれば蒲田に近い住民は便利になるかもしれないが、むしろ池上線沿線だけ発展から取り残される結果になりそうな気も……。

いまだ、実現性には疑問があるものの、大田区では「蒲蒲線」のさらに先の夢の計画が、今度こそ実現する気配すら見せている。

それが、いままで構想上の計画に過ぎなかったエイトライナーの構想だ。これは、環状八号線の道路の地下を利用して大田区から世田谷区、杉並区、練馬区、板橋区、北区を通過して赤羽まで向かう地下鉄を建設しようというものだ。これとは別に構想されている江戸川区の葛西臨海公園駅から環状七号線の地下を使って足立区、葛飾区を経由して赤羽駅へと向かうメトロセブンという構想もあり、両者がすべて完成すれば東京の市街地を貫く新たな環状鉄道が完成することになる。

現在、東京の街を貫く環状鉄道はＪＲ山手線と武蔵野線。都営大江戸線の３路線がある。この空白地帯になっている部分に列車を走らせれば利便性は高いというのが、推進する人々の主張だ。

もともと「山手線の外側にもう一本、環状線をつくったら便利になるんじゃないか?」という構想は、昭和初期から存在した。1926年に免許申請を行った東京山手急行電鉄が、それだ。これは、現在のJR大井町駅から東急の自由が丘駅、京王線明大前駅から中野駅、板橋駅、田端駅を通って北千住駅方面へと向かう計画であった。当時、沿線はすでに都市開発が進行しており、完成していれば利用者が耐えることのない路線になったはずだ。しかし、計画は昭和恐慌の煽りで資金を集めることができなかったために頓挫。結果、部分的に開通したのが現在の京王井の頭線というわけである。

そんな夢の環状鉄道を改めて実現しようとするエイトライナー構想。この構想、2000年に運輸政策審議会が「今後整備について検討すべき路線」として答申したまま、目立った動きは見られなかった。ゆえに、立ち消えになるのかと思いきや、オリンピックに向けた整備という錦の御旗を掲げて再び構想の実現に向けた動きが始まっているのだ。2015年3月には沿線の区長が連名で国土交通大臣宛の要望書を提出。今、東京では、あちこちで2020年東京る。鉄道のみならず、江戸城の天守閣を再建して観光名所にしようなんてのもあるわけだが、利用者がいて採算が取れそうという点で、エイトライナー構想は実現性が高い計画だ。

２０１４年に板橋区が発表した資料「エイトライナー促進協議会の実施結果について」では、運営方式を間違えなければ開業後３０年以内で黒字転換できるだけの需要が見込まれると予測している。この資料では、メトロセブンも含めて、どの区間から着工すべきかも検討しているが、事業採算性では羽田空港との接続部分を最初に着工したほうが、採算性は高まるという評価を得ている。

## どの街に向かうかで大田区の未来は変わる

こうした構想から見えてくるのは、大田区の人々の中に「とりあえず蒲蒲線ができれば、便利になる」という素朴な希望が溢れていることだ。

だが、ちょっと待って欲しい。

重要なのは「蒲蒲線」の実現ではなく「蒲蒲線」が、その先のどこへ向かうかではないかと思うのだ。

これまで大田区の魅力は、郊外のようでありながら都心へも鉄道で直結しているという利便性の高さにあった。近年、町工場が溢れる地域からベッドタウンへと変貌しているのも、ひとえにこの利便性ゆえである。でも、エイトライナー構想が実現したとして大田区は便利になるのだろうか。羽田空港へ直結路線のできる大田区以外の沿線住民は利便性は高まるかもしれないけれども、果たして大田区民が板橋区や北区。それどころか杉並区や世田谷区に出かける用事ってなにかあるだろうか？

むしろ、こんな路線ができたら都心に近くて宿泊費も安い滞在先を探している旅行者は、ほかの地域へと分散してしまいかねない。すなわち、エイトライナーによって接続する地域はみな大田区の仲間になることはないと予測される。「蒲蒲線」の先に大田区が目指すべきは、エイトライナーではなく目蒲線の復活。いや、渋谷へと直結するさらに便利な路線への誕生であろう。

ほかにもライバルとなる地域は多い。２０２０年東京オリンピックには間に

2000年に名称としてはなくなってしまった目蒲線。現在は目黒線と多摩川線に分割され、多摩川線はなんとも微妙な扱いに

合わないが、東京モノレールが浜松町駅から東京駅まで路線を延伸する計画もあるし、JRもリニアの開通を見据えて羽田空港への新路線を目論んでいる。「蒲蒲線」が誕生しただけでは、大田区の未来は明るくはならない。その後をどうするか、大田区民は真剣に考える時を迎えている。

# 世間とズレている大田区の良いズレと悪いズレ

## 町工場大田の未来はどうあるべき？

　さて、本書では大田区がいかに「現代の東京」スタイルからは「ズレ」た存在かということをみてきた。今も区内全域に残るかたくななまでの昭和スタイル。これは、漁業がほぼ完全になくなっても漁港街そのままの風情を残す羽田周辺にしても、蒲田などの中心部にしても、田園調布や洗足といった高級住宅地にしても同じ。変化はしているにしても、他の地域から比べれば「古いまま」なのは否めない。２００９年に『日本の特別地域９　これでいいのか東京都大田区』を刊行した際には、この「ズレ」の根源を、主に旧漁師街に江戸時代から残る土着性や、高級住宅地を含む全域に残る「昭和的価値観」を持つ人の多さに見いだした。

大田区の誇る「町工場」は、良くも悪くも昭和的価値観を色濃く残した存在だろう。大田区は、今も工場数、従業員数、出荷額など、工業指標の多くで都内トップ、もしくはベスト3の常連となっている。これを成し遂げているのが、従業員9人以下の小規模町工場の集団なのだ。文字通り、町工場が大田区を支えているのである。

だが、これがいつまで続くのか。数字はあまり楽観的な未来を示してくれない。大田区の町工場が最盛期を迎えたのは、1985年ごろ。1983年に9190あった工場は、2014年には3481まで減少。2008年に「4362に半減してしまった！」と騒いでいたのに、そこからさらに千も減ってしまい3分の1規模になっているのだ。このペースで減少を続ければ、2040年代にはゼロになってしまう。

それでも大田区が都内トップの座を守っているのは、他地域に比べれば工場減少のスピードが「まだマシ」なこともあるが、長年培った技術力で勝負していることが大きい。2015年の『大田区ものづくり産業等実態調査』をみると、その実態がみてとれる。特に注目したいのは業績傾向だ。これは、過去3年の業績と今後3年の業績見込みを比べたもの。「増加基調」と答えた工場は全体の2％（30社強）程度のままであまり変化はないのだが、「やや増加基調」となると、売上高が「やや増加」傾向にあると答えた工場は100近く増加しており（全体では約580）、従業員数、設備投資も似たような比率で増加傾向にあると答えた工場が増えている。

一方「横ばい」と答えた工場の数はどうだろうか。売上高に関しては、これも全体的に増加傾向にあり、その分「減少基調」と答えた工場はかなり減っているが、従業員数、設備投資では「横ばい」が減っている。中でも従業員数では、減少傾向が増えている。つまり、大田区の工場は全体の数が減ることにより少数精鋭体制となっており、売上が増えていても、これ以上の雇用増があまり期待できないのだ。

人数が減って売上が伸びているのなら、従業員ひとりひとりの価値が高まっているということなので、大田区としては大いに自慢してよいことだ。だが、これは長期的にみるとかなり危険なのではないか。もう一度さきほどの業績傾向をみてみよう。今後3年（つまり2018年くらいまで）に、売上高が伸びそうだと答えた工場は全体の16・6％（約580）、対して設備投資が増える見込みの工場は9・7％（約340）。つまり、240近い工場が、大した設備投資をせずに、売上を伸ばす自信があるということだ。

なぜこれが危険かもしれないのか。要は、熟練工の力に頼りすぎているということ。大田区の工業は、機械・金属加工系が約8割を占める。機械・金属加工とは、つまり金型作りや細かいパーツ製造など、技術力を要求されるジャンルの多い業種。今は、これを高いレベルでこなせる熟練工が数千人単位でいるから、大田区は強い。だが、如何に超人的なテクニックを持つ熟練工であっても歳をとる。いずれリタイアの時は来るし、加齢による技術の低下もあるだろう。工場数の激減と業績が上向きでも従業員数が増加傾向にないということは、このままではいずれ大田区の技術力が「消滅」してしまうことを示している。当然、大田区の資料でも「後継者不足」は「大田区工業の悩み」の筆頭に挙げられている。

## 今ある技術力をどう残すのか

この打破に、小規模工場の集合体という「昭和的体質」が邪魔になる。小規模工場は、いかに業績が上向きでも弟子をやとって育てる余力はない。むしろ、高齢に達した熟練工が社長で、ひとりでその腕を存分に、しかしちょっと過労気味にふるっているというのが実態だろう。この社長が引退すると、その工場は「終わってしまう」のだ。その高い技術も。この積み重ねが、急激な工場数の減少にあらわれているのだろう。

当然、この問題は大田区も強く認識しており、工場の拡張や新技術の開発などを支援している。羽田空港の国際化も、産業支援の一環といえる。

だが、どうもこれは抜本的な解決策にはみえない。もっとも必要なのは「小規模工場の大合併」なのではないか。合併といっても、いわゆる企業買収の連続による大企業化では、ひとりひとりの技術力を売りとする大田区の工業には危険性が高い。理想的なのは、旧来の小規模工場同士の「ゆるいつながり」をもう少しだけブラッシュアップして、例えば営業と資金調達部門だけを統一するとか、従業員の「レンタル移籍」を効率良く行うとかそうしたものだ。企業買収の現場を舞台にした小説『ハゲタカ』シリーズでは、主人公の経営する企業買収（再生）ファンドが経営危機に陥った多数の町工場に資本を投下し、巨大な小規模工場連合を作って日本の自動車業界の支配を狙うといった描写があった。別に大田区が自動車産業を支配しなくてもいいのだが（できれば最高だけど）、せっかく高い技術力で勝負できる産業を存続させて行くには、こうしたアイデアを研究してみてはどうだろうか。

小説のようなファンドではなく、この部分を区が代行し、行政機関の企業化を行うのというのも考えられる。だが、現状ではやはり昭和的な「一国一城の主」感覚が強い工場が多いのか、積極的な動きはあまりみられない。零細企業の経営者、それも技術職というものは、「本業」ではない営業や資金調達は面倒だしやりたくない。出来れば、小説のファンドのように「余計な仕事」を担当してくれる人が現れて、自分は機械だけを一日中いじっていたいという「人種」も多いだろう。余裕ができれば後継者の育成も可能になる。大田区としては、この「本業」以外で町工場が使うコスト（時間や労力）を後継者育成に振り向けるにはどうすればよいかを考えるべきだ。

## 大田区が変わるのはこれから！　方向を見失うな!!

インフラ網の再整備が現実味をおび、大田区には躍進の兆しがみえた。というタイミングが今、やってきた。これはチャンスであり、同時に大田区の正念場といえる。

大田区は古い昭和感覚の残る土地だ。それが他地域を覆う「東京的感覚」とのズレを生んでいる。この「ズレ」に起因する問題点を本書は多く指摘したが、反面、「ズレているからこそ魅力がある」というメッセージも行間に詰めたつもりなのだ。そう、大田区は、世間一般からズレていて、古くさいからこそ良いのである。しかし、鉄道網の整備やそれに伴う再開発は、その土地を一変させる。何も考えずに再開発を進めれば、大田区の魅力は失われ、今度こそ「都心から微妙に遠くて不便なだけの土地」になってしまうかもしれない。この「地域批評シリーズ」は全国各地を取材して、「魅力を失った」土地を数多くみてきた。大田区には、そうはなってもらいたくない。

せっかく「ズレ」ているのだから、今考えるべきはそのズレの中で「残した方がいいもの」と「さすがにこれは直した方がいいだろう」というものは何か、ということだ。元から高度に発達していた23区は、相対的にかなり「古い」ものを残している土地となった。地方都市はいうに及ばず、神奈川や埼玉の主要都市も一変したのが日本の21世紀だ。しかし、その「一変」は批判的にみると「画一的な」「つまらない」変化である。全国的、世界的チェーン店以外の存在しない商業施設。ロードサイド化の進行による、人が集まる場所の消滅。郷土意識の希薄化。便利で住民の生活を楽にした「再開発」には、いくつもの負の面が存在する。

だが、大田区は「天下の東京23区」である。そのプライドを持って、この国を覆う画一化の波に異を唱えて貰いたい。つまり、部分的にはまったく非効率であまり褒められたものではない「モノ」を積極的に残すことも考えるべきだ。大田区の魅力の一端は、そうした「よろしくない」ものも担っているのかもしれないのである。楽しい暮らしや価値ある文化は、何も清潔な場所だけで成り立つものではない。

本当の「保守」って、つまりこういうことを真剣に考えることなのではないのだろうか。先ほどの町工場の話もそうだ。単に効率だけを考えるのならば、全部の町工場を安価に買い叩いて大企業化。熟練工は安月給で酷使すればいいだけの話だ。しかし、それをやってしまうとモチベーションは失われ、結果、大田区の工業は滅ぶだろう。「なるべく変えずに変える」という思考が必要なのだ。ズレも昭和感覚も保ったまま変えるのが理想である。

「大田区が田園調布から平和島まで、様々な階層の人々が集まったモザイクのような地域であることは、よく理解していただけたと思う」と2009年の『これでいいのか大田区』は結論づけさせてもらった。それこそが「興味深い」点だと。お金持ちからビンボー人まで隣り合って暮らせるということは、それだけ日常的に多くの視点を持つことができるということだ。それは、ともすれば偏見や差別意識を持つことに繋がることもある。しかし、そうではない。世界は多様なのだ。それぞれの持つ価値に上下はない。それを日々体験できる大田区は、やはり魅力に満ちあふれた土地なのである。

変わらない街大田にも、ついに大規模再開発の兆しが。是非、大田区の個性を尊重したものとなってもらいたい

# あとがき

東京の街は、ちょっと奇妙な発展の仕方をしている。この地域批評シリーズの制作が始まったのは２００７年。文庫版の制作にあたり、再度各地の統計データを見直したり、現地取材（雰囲気を確認しに行ったという意味合いも強い）を行ったのだが、実際にみる街の姿にはそれほどの変化を感じないのに、「数字」は劇的な変化を遂げているのだ。中でも目立つのは23区ほぼ全域で激増する人口と犯罪認知件数の激減だ。普通、人口が激増すれば旧来の雰囲気は外部から来た新規住民によって薄れる。犯罪が激減すると、危ない匂いのあった場所が寂れたり、店舗の構成が一変したりする。確かに、多少の変化は感じる。だがあくまでも「多少」だ。「一変」した場所は非常に少ない。多くの区が数万人単位で人口を増やしているのに、なぜだろう。

おそらく、他の街で起こったような、街の構造を再構成するような再開発は行われていないことが大きな要因だ。また、１９９０年代以降の住宅地にはスーパーと飲食店、買い物は各地の拠点都市で、というスタイルの完成度が高く、固定化されていることもあるだろう。地価が高く過密なため、おいそれと手を付けられないという理由もある。

つまり、今の東京は、それほど手を付ける必要がない街なのだ。ある意味23区の街は古くさいところばかりだ。2010年代最新のスタイルは、23区では湾岸エリア、近隣では横浜市北部などにある。これらの街は、20世紀終盤までほとんど宅地開発のされていなかった場所だ。流行を追いたいひとはこれらの場所に住み、23区を選択する人は（当然通勤通学の利便性という最強の理由はあるにしても）古くさい昔ながらの都会を望む人々なのかもしれない。大田区には、そんな「古くさい都会」がしっかりと保持されている。

しかし、2020年のオリンピックを契機に、この古くささを一掃してしまおう、と考える人もいるようだ。果たして、それは住民の希望を汲んでいるのだろうか。これだけ人口が増えても「感じ」の変わらない街をみるにつけ、疑問は深まるばかりだ。

確かに、変えるべき点は多い。だが、触ってはいけないものも、また多いのではないか。今回、強く感じたのはそんなことである。

# 参考文献


【大田区】

・大田区

『大田区政ファイル平成20年度版』　2008年

・大田区史編さん委員会編

『大田区史　下巻　近現代』　1996年

・大田区まちづくり推進部道路公園課交通課

『大田区交通安全実施計画 平成21年度』　2009年

・おおた未来プラン

『大田区10か年基本計画』　2009年

・大田区産業経済部産業振興課

『大田区観光振興プラン（概要版）』　2009年

・大田区産業経済部産業振興課

『大田区中小企業の景況 平成20年度』　2009年

・大田区経営管理部広報広聴課

『大田区政に関する世論調査 平成20年7月実施』

2008年

・大田区立郷土博物館

『よみがえる大田区の風景』1999年10月

・大田区立郷土博物館

『大田区の船大工：海苔の船を造る』1996年9月

【その他】

・京浜急行電鉄株式会社

『80年の歩み』　1978年
・山口廣編
『郊外住宅地の系譜：東京の田園ユートピア』
鹿島出版会　1987年
・中小企業基盤整備機構経営支援情報センター
『規模縮小過程における分業システムの変容に関する調査研究：大田区中小企業群の最近10年の変容を事例として』　2009年
・中小企業研究センター
『東京都大田区に見る日本産業の近未来』　2009年
・JTB編
『東京を歩く』JTB　2004年
・宇沢弘文、國則守生、内山勝久編
『21世紀の都市を考える』東京大学出版会　2003年
・MAGAZINE HOUSE MOOK
『東京生活Qどうする？　東京生活のコツ』
1995年

【東京都】
・東京都総務局統計部
『東京都統計年鑑』東京都　2007年
・東京都総務局統計部
『暮らしととうけい』東京都　2007年
・東京都総務局統計部
『住民基本台帳による東京都の世帯と人口』
2007年
・東京都総務局統計部
『学校基本調査報告』2006年

・東京都生活文化局総務部
『駅前放置自転車の現況と対策』２００４年
・東京都総務局災害対策部
『区市町村防災事業の現況』２００７年
・東京都財務局主計部
『財政のあらまし』２００６年
・東京都都市整備局市街地建築部
『建築統計年報』２００６年
・東京都建設局公園緑地部
『公園調書』２００６年
・東京都教育庁総務部
『公立学校統計調査報告書（学校調査編）』２００６年
・東京都福祉局
『高齢者福祉施策区市町村単独事業一覧』２００２年
・東京都総務局統計部
『国勢調査東京都区市町村町丁別報告』２００６年
・総務省統計局
『国勢調査報告』２００６年
・東京都福祉保健局
『国民健康保健事業状況』２００７年
・東京社会保健事務局
『国民年金事業統計』２００７年
・東京都総務局行政部
『市町村別決算状況』２００６年
・東京都福祉保健局総務部
『社会福祉施設等調査報告』２００６年

・東京都福祉保健局総務部
『社会福祉統計年報』　２００６年
・東京都総務局統計部
『事業所・企業統計調査報告』　２００５年
・東京都総務局統計部
『事業所統計調査報告』　２００５年
・東京都総務局統計部
『商業統計調査報告』　２００５年
・総務省統計局
『消費者物価指数月報』　２００６年
・東京二十三区清掃協議会
『清掃事業年報』　２００６年
・東京都総務局行政部
『特別区決算状況』　２００６年
・東京都総務局行政部
『特別区公共施設状況調査結果』　２００６年
・東京都都市計画局
『東京の土地（土地関係資料集）』　２００６年
・東京都衛生年報
『東京都健康局総務部』　２００６年
・東京都都市整備局
『東京都都市整備局事業概要』　２００６年
・東京都建設局道路管理部
『東京都道路現況調書』　２００６年
・東京都総務局総合防災部防災管理課
『消防年報』　２００５年

・警視庁総務部文書課
『警視庁の統計』　２００６年
・警視庁交通部
『警視庁交通年鑑』　２００６年

【サイト】
・大田区ホームページ
http://www.city.ota.tokyo.jp/
・特別区自治情報・交流センター　統計情報システム
http://www.research.tokyo-23city.or.jp/
・東京都立図書館『東京都公立図書館調査』
http://www.library.metro.tokyo.jp/15/15700.html
・東京都の統計
http://www.toukei.metro.tokyo.jp/index.htm
・東京街歩き
http://homepage2.nifty.com/aquarian/Tokyo/Tokyo_hd.htm
・東急電鉄
http://www.tokyu.co.jp/
・京浜急行電鉄
http://www.keikyu.co.jp/index.shtml
・ＪＲ東日本
http://www.jreast.co.jp/
・Yahoo! 電話帳
http://phonebook.yahoo.co.jp/
・国有財産情報公開システム
http://kokuyuzaisan.go.jp/kokuyu/pc/start.html

・日本全国釣具店情報
http://rankme.in/fsshop
・公営住宅 COMPLEX- 禁断の公営住宅
http://www.web-pbi.com/whereabouts/index.htm
・UR都市機構
http://www.ur-net.go.jp/
・JKK東京
http://www.to-kousya.or.jp/
・全国のスーパーマーケット情報　my スーパー.com
http://www.mysuper.com/index.html
・スクール情報ナビゲータ@SCHOOL
http://school.xion.jp/
・都道府県別統計とランキングで見る県民性
http://todofuken.ww8.jp/
・大森本場乾海苔問屋協同組合
http://www.oomori-norikumiai.com/
・東京都自転車商協同組合
http://www.jitensyakumiai.com/
・警視庁
http://www.keishicho.metro.tokyo.jp/

この他、大型小売店の店舗数確認のために主要チェーンの公式サイト、商店街や小売店のサイトなどを参照した。

●編者

**昼間たかし**

1975年岡山県に生まれ県立金川高等学校を卒業後、上京。

立正大学文学部史学科卒業。東京大学情報学環教育部修了。

ルポライターとして様々な媒体に寄稿、取材を続ける。著書に『日本の特別地域　東京都足立区』をはじめとした地域批評シリーズ。『コミックばかり読まないで』(イースト・プレス)。

共著に『萌える名作文学ヒロイン・コレクション』(コアマガジン)等がある。

**伊藤圭介**

1974年東京生まれ
フリーライター
近著に『地域批評シリーズ2 これでいいのか東京都杉並区』など。
神奈川県の急激な再開発をみるに、何だかんだいって東京都はかなり完成された街であったことを再確認。それだけに、東京オリンピックを契機に「再度」大変化を遂げそうな大田区には一抹の不安が。多少の非効率が良い方向に作用することもあるんです。再開発も結構ですが、「今ある良いバランス」にもっと目を向けて、それを殺さないように気をつけて貰いたいものですが……。オリンピック関連のグダグダ具合をみるに、もうそれは期待できないのかな。

**地域批評シリーズ⑧　これでいいのか 東京都大田区**

2016年4月19日　第1版　第1刷発行
2021年4月 1日　第1版　第2刷発行

編　者　昼間たかし
　　　　伊藤圭介
発行人　子安喜美子
発行所　株式会社マイクロマガジン社
　　　　〒104-0041　東京都中央区新富1-3-7 ヨドコウビル
　　　　TEL 03-3206-1641　FAX 03-3551-1208(販売営業部)
　　　　TEL 03-3551-9564　FAX 03-3551-0353(編　集　部)
　　　　https://micromagazine.co.jp/
編　集　高田泰治
装　丁　板東典子
イラスト　田川秀樹
協　力　㈱n3o
印　刷　図書印刷株式会社

※本書の内容は2016年3月10日現在の状況で制作したものです


2021 Printed in Japan　ISBN　978-4-89637-559-6　C0195